太平洋戦争の意外なウラ事情

真珠湾攻撃から戦艦「大和」の沖縄特攻まで

太平洋戦争研究会

PHP文庫

○本表紙図柄＝ロゼッタ・ストーン（大英博物館蔵）
○本表紙デザイン＋紋章＝上田晃郷

はじめに

戦争には錯覚や手違いがつきものだという。それが単純ミスで終わり、影響が広く深く及ばなければご愛敬《あいきょう》ですまされるが、戦略の間違い、戦術の間違い、瞬間的な決断の遅延など、ときには決定的ともいえるような影響を与えることも少なくない。

ここでは、太平洋戦争におけるそういういくつかを、小さなエピソードも含めて紹介してみた。それは戦場の実相であるとともに、日本が引き起こしたあの戦争の実相でもあることがわかるはずである。

日本降伏で幕を閉じた太平洋戦争は、同時に日中戦争の終幕でもあった。日本は盧溝橋《ろこうきょう》事件（一九三七年＝昭和十二年七月七日）以来、中国との戦争が約四年半経過した時点で米・英に宣戦布告した。日本ではこの新しい戦争を当時、支那事変《しなじへん》（日中戦争の日本側の当時の呼称）を含めて大東亜《だいとうあ》戦争と呼んだが、戦後、米・英との戦争を強く意識して太平洋戦争と呼ぶのが普通になった。

しかしながら、米・英との戦争の間も日中戦争は続いていたのである。というより、蔣介石《しょうかいせき》の指導する中国は米・英・ソ連とともに、連合国の一翼を担って日本への抗戦を続けることになったのだ。太平洋戦争の話なのに、日中戦争の話が出てきたり、中国の一部であった「満州」（中国東北地方）における話が出てきたりするのはそういう背景があるからだ。

太平洋戦争の戦場は広かった。現在では、日本は香港も占領していたという話にも、びっくりする人がなきにしもあらずだが、遠くソロモン諸島やニューギニア島で激戦をくりかえし、最後には玉砕する部隊が多かったという事実や、ビルマ（今のミャンマー）にも大部隊を送りこみ、その西のインド領インパールを占領しようとして、手痛い反撃を食らい、惨敗した事実などを知ると、日本降伏からすでに六十余年が過ぎたとはいえ、あらためてあの戦争はどんな戦争だったのかという興味と関心を強く抱くかもしれない。そういう読者が数多く出てくれれば、まことにありがたいと思う。

太平洋戦争の意外なウラ事情◉目次

はじめに

第1章 ◆ 日米開戦と真珠湾奇襲をめぐる謎

第2章 ◇ 南方攻略作戦と緒戦の快進撃をめぐる謎

第3章◇戦局反転をめぐる謎

第4章◇日本陸海軍、最後の決戦をめぐる謎

第5章◇終戦と混乱をめぐる謎

写真提供：近現代フォトライブラリー

第1章

日米開戦と真珠湾奇襲をめぐる謎

日本海軍の空母航空隊に奇襲攻撃される真珠湾基地。右が戦艦「アリゾナ」、左が戦艦「ウェストバージニア」

第1話◉今こそ、ヒトラーと共にソ連を侵攻せん！

どこまで本気だったのか、対ソ開戦前提の関特演《かんとくえん》大動員の結末

それはドイツのソ連侵攻が発端だった

一九四一（昭和十六）年六月二十二日、ヒトラーのナチス・ドイツ軍は約三〇〇万の兵力を動員して、スターリン独裁下のソ連領へ侵攻を開始した。バルバロッサ作戦という。

ソ連軍は各地でドイツ軍に撃ち破られ、後退を続けた。事前にドイツ侵攻の情報はあったが、スターリンが取り合わなかったという。ドイツとソ連は不可侵条約を結んでいたからでもある。

世界中がこのソ連侵攻にびっくりした。なぜなら、ヒトラーとスターリンはこれより約二年近く前に、独ソ不可侵条約を結び、その直後、ポーランドを東西から攻略した。いわばヒトラーとスターリンは、第二次世界大戦を始めた張本人だったか

らである。

ところが、この戦争開始のニュースを聞いて千載一遇《せんざいいちぐう》のチャンスと勇み立った国があった。日本である。

松岡洋右《まつおかようすけ》外相はさっそく天皇に会って、今こそソ連を撃つべきであると進言した。天皇はびっくりした。松岡はこの二カ月前に日ソ中立条約を結んだばかりだったからである。日本（またはソ連）が外国と戦争を始めても、一方に肩入れせずに中立を守るという条約である。それなのに、松岡はドイツに肩入れしてソ連を攻撃すべきであると進言したのである。

日ソ中立条約の調印。1941年４月13日、モスクワ。右から２人目が松岡洋右外相、３人目がスターリン・ソ連首相、サインしているのはモロトフ・ソ連外相

当時日本は、日独伊三国同盟を結んでおり、これは一国が外国から攻撃されたら参戦するという同盟だが、そのねらいは主としてアメリカを念頭においた同盟だったのだ。ドイツが勝手にソ連に侵攻し、日本が

関東軍司令官・梅津美治郎大将

参謀本部作戦部長・田中新一少将

そのドイツを助けるのは趣旨に反する。天皇は返事に窮《きゅう》して、首相（近衛文麿《このえふみまろ》）ともよく相談せよ、と松岡を追いかえした。

今こそソ連を撃つべきであり、それによって満州国《まんしゅうこく》を安泰《あんたい》にすべきであるという主張は、関東軍《かんとうぐん》司令官梅津美治郎《うめづよしじろう》大将も同じであった。日本がソ連を撃つとは、満州国（中国東北地方につくっていた日本の植民地）駐屯の関東軍が、その北や東西の国境から沿海州やシベリアに進撃することにほかならない。

ドイツに侵略されたソ連は、ドイツとの戦闘にあてるために、極東の兵力を大幅に呼び寄せるに違いない、その手薄になったところを衝《つ》こうというのである。

満州国新京（今の長春）に置かれていた関東軍司令部

同じように、熱心にソ連との戦争を主張したのは参謀本部作戦部長田中新一《たなかしんいち》少将だった。もっとも、陸軍の最高首脳である陸軍大臣東条《とうじょう》英機《ひでき》中将や参謀総長杉山元《すぎやまはじめ》大将の二人はあまり気乗りしなかった。田中作戦部長は陸軍部内ではナンバー3か4ほどのポストだったが、とにかくソ連侵攻に熱心で、東条や杉山を強引に説き伏せた。田中少将持ち前の性格がこのときは通用した。

満州国を安泰にするという考え方は、陸軍全体の年来の総意ともなっていたので、「中国と長い戦争をしている最中なのだから、今は、ソ連と戦争をすべきではない」という主張よりも、「ソ連を撃つチャンスがきたのだから、戦争を仕掛けるべきである」という考え方が勝ったのである。日本はこのとき中国との戦争（日中戦争、当時は支那事変と称した）を始めて、間もなく四年が過ぎようとしていたのだ。沿海州やシベリアに侵攻して、満州国とソ連との国境をはるか北方や西方に押しやれば、ソ連は今後とも簡単には満州国には侵攻できまい、というのが、〝満州国安泰〟の根拠であった。

ソ連に備えつつ、南方にも拠点を築く政策

ただ、海軍はソ連との戦争に猛反対した。

ソ連との戦争では海軍はほとんど出番がない。しかも、海軍は前年秋以来、アメリカとの戦争に備えて具体的な準備に入っていた。たとえば、空母中心の第一航空艦隊とか、基地航空部隊だけを集めた第一一航空艦隊、潜水艦中心の第六艦隊などを新編していた。そんなところに、ソ連との戦争を始めたら、アメリカとの戦争はできなくなるからだ。

当時は、ソ連と戦争するのを北進《ほくしん》（北方進出）、英・米と戦争するのを南進《なんしん》（南方進出）と呼んだが、両方一緒には、さすがにできない。英・米との戦争が南進と呼ばれたのは、東南アジアにある英・米・蘭（オランダ）の植民地を奪う戦争だから

である。

　あわてた海軍はいろいろ根回しして、陸軍の顔も立つような解決策をつくり、御《ご》前会議《ぜんかいぎ》（天皇出席の最高意思決定機関）で決定するところまで持ちこんだ。それが七月二日の「情勢の推移に伴う帝国国策要綱」である。

　この国策は、「南方進出の歩を進め、また、情勢の推移に応じ北方問題を解決す」という表現で、重要度としては第二位ながらも、陸軍の対ソ戦準備を決定した。

　「南方進出の歩を進め」るとは、仏印《ふついん》（フランス領印度支那《インドシナ》、すなわち現在のベトナム、カンボジア、ラオス）の南部、具体的にはベトナムのサイゴン（今のホーチミン）一帯に日本軍を進駐させ、軍事占領することである。

　こうして陸軍は満州国の関東軍を増強するために関東軍特種

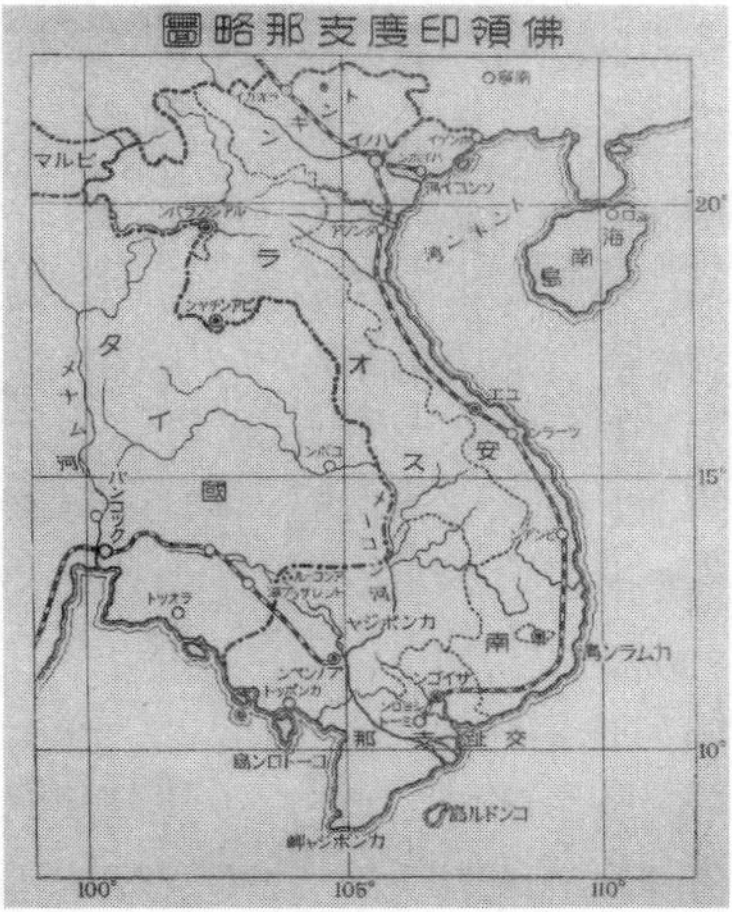

今のベトナム、ラオス、カンボジアは当時はフランスの植民地で、フランス領インドシナ、略して仏印と呼ばれていた

演習（ふつう関特演《かんとくえん》といわれる）の名のもと、兵隊や馬や武器弾薬を送りこむことになった。御前会議の決定に沿ったことだから、天皇もその大動員をやむなく認めたが、「ムヤミにやらないだろうね」「謀略などやらぬようにせよ」と、何回も念を押しつつ裁可したという。

関東軍はこれまで、張作霖《ちようさくりん》爆殺事件（一九二八年＝昭和三年六月四日。張作霖は満州最大の軍閥《ぐんばつ》）、柳条湖《りゆうじようこ》事件（一九三一年＝昭和六年九月十八日の満鉄線爆破。これをきっかけに満州事変を起こし、満州国建国まで一気に突っ走った）という謀略を起こした。国民は知らされていなかったが、天皇はむろん知っていたのである（国民が知ったのは太平洋戦争敗戦後の東京裁判が最初）。

さて、関特演前の関東軍は兵員約三五万人、馬七万頭、飛行機約一一〇〇機である。関特演は新たに兵員約五〇万人、馬一五万頭、弾薬約三カ月分などを送る〝演習〟だ。対するソ連極東軍は兵員約七〇万人、飛行機約二八〇〇機のほか優秀な戦車軍団を持っていた。

そこで陸軍としては、ソ連軍がヨーロッパ戦線に移され、兵力が約半減したときが侵攻のチャンスであると考えた。その判断は八月十日までにおこなうことになった。早く戦争を始めないと、冬がやってきて、零下三〇度や四〇度のシベリアでは作戦できなくなるからである。

そういうわけで、関特演は演習とはいえ、戦争構えの大動員である。召集された兵隊を駅頭などでバンザイの声で見送ることは禁止された。全国津々浦々でそんな光景が毎日見られたら、日本にもぐりこんでいる外国のスパイに手の内を見せるようなものだからである。召集兵はこっそりと家を立ち、誰に見送られることもなく指定された部隊に入営した。

ところが、ソ連極東軍は日本の意図を知っていたかのように、ほとんど減らなかった。そのうえ八月初め、「参謀本部第五（ロシア）課（課長・磯村武亮《いそむらたけすけ》大佐）の詳細な対ソ情勢判断の綜合判決は、本年中にドイツがソ連を屈服させることは不可能で、明年以降の推移も必ずしもドイツ側に有利にならない」（中山隆志『関東軍』講談社選書メチエ）というものであった。こうして陸軍は八月九日、〝年内の〟ソ連との戦争を断念した。

じつは、断念した背景には北進どころではないという新事態が発生していたことにも、触れなければならない。

先にも触れたように、日本陸海軍は、対ソ戦準備と同時にサイゴン一帯の南部仏

日本軍の南部仏印進駐。サイゴン（今のホーチミン）市街をトラックと自転車で示威行進する日本陸軍部隊

印に進駐することを決定して実行したが（七月二十八日。一応仏印総督との協定ができて、形の上では平和進駐だった）、これにたいするアメリカやイギリスの反発が、日本の予想をはるかに上まわる厳しさだったからである。

すなわち、英米とも国内の日本資産を凍結し、アメリカは日本にたいする石油の輸出を全面禁止した。蘭印《らんいん》（阿蘭陀《オランダ》領東印度、すなわち今のインドネシア）もこれにつづいた。日本は石油需要の八割前後をアメリカから輸入して、残りを蘭印から輸入していたが、それをすべて止められたのである。これは日本がまったく予想していなかった盲点だった。

もともと、南部仏印進駐を断行しても、

アメリカは石油までは止めないはず、石油を止めるときは日本との戦争を覚悟したとき、アメリカはそこまではまだ覚悟ができていない、という楽観的な気分が支配していた。だからこそ、陸軍も海軍ともども、関特演をおこないつつ南部仏印進駐に意欲を燃やしたのである。「対英米戦を辞せず」─（七月二日の「情勢の推移に伴う帝国国策要綱」）という文言も入ってはいたが、多分に虚勢的であり修辞的なものであった。

ところが、予想に反してアメリカは日本との戦争覚悟で石油の輸出を止めたのである。

日本海軍はこの年六月初めごろまでは、日本が南進してマレー半島やシンガポール（ともにイギリス植民地）や蘭印を攻略すればアメリカが必ず加担するので、戦争はできないと考えていた。陸軍もそういう海軍の考え方を理解し、南進するにしても仏印まで、ここならアメリカもイギリスも日本を妨害しないと踏んでいた。

しかし、実際に南部仏印進駐のころには、海軍はどういうわけか、今ならアメリカと戦争しても勝つ公算があると考えるようになっていた。たとえば七月二十一日の大本営政府連絡会議で、永野軍令部総長は「米国にたいしては今は戦勝の算ある」などと発言していたという。そういう事実を指摘しながら、秦郁彦氏は「すなわち、南部仏印進駐は、かならずしも日本の戦争指導者にとって文字通り不用意な冒険であったとはいいがたいのであった」(秦郁彦「仏印進駐と軍の南進政策」。日本国際政治学会　太平洋戦争原因研究部編『太平洋戦争への道』開戦外交史　第六巻・南方進出　朝日新聞社所収)と述べている。

このように、一方でソ連と戦争するつもりで関東軍を大増強し、一方でアメリカと戦争にはならないだろうが、なったとしても勝てるはず、という妙な自信を抱いて南部仏印進駐を同時におこなった当時の軍部は、いったいどういう大戦略を思い描いていたのだろうか。

ともかく、陸軍はソ連との開戦は中止したが、動員は中止されることはなかった。チャンスは来年春にはめぐってくる、南方の英米蘭の植民地を占領してからソ連との戦争を始めようと考えていたようだ。そのためには早くアメリカとの戦争を始めよと陸軍は海軍をせっついた。

「(昭和)十六年十二月八日の対米開戦日は、この対ソ決戦から逆算した日程ではなかったかと推測する声が、今でも旧海軍の一部にある」(秦郁彦『昭和史の謎を追う・上』「第四章　関特演」文藝春秋)と指摘される所以《ゆえん》でもあるのだ。

第2話◉ルーズベルト米大統領は知っていた？

日本海軍航空隊による真珠湾奇襲を知りながらわざと攻撃させたのか

くりかえされる米大統領陰謀説

日本海軍の機動部隊は、空母六隻を伴ってハワイ諸島の北方に忍び寄り、一九四一（昭和十六）年十二月七日（現地時間）早朝、米太平洋艦隊の真珠湾基地（オアフ島）を奇襲した。奇襲は成功し、停泊中の戦艦四隻が沈没、三隻大破、一隻中破させ、周辺の飛行機基地六カ所を襲って二三一機を破壊した。米軍に与えた損害は戦死二四〇二人、戦傷二三八二人という。太平洋戦争の始まりであった。

ところがこの日本海軍の奇襲を、ルーズベルト米大統領は事前につかんでいたが、日本とドイツ、イタリアにたいする宣戦布告を容易にするために、わざとハワイ基地には警報を出さなかったという説が、アメリカ内部からくりかえし主張されてきた。ルーズベルト大統領はヨーロッパの戦場に青年は送らないと公約して三選

日本海軍の空母航空隊による真珠湾攻撃。爆弾による水柱が上がっている

艦尾から沈み始めた戦艦「カリフォルニア」

を果たしていたので、誰が見ても戦争はやむを得ないと思うような事実が欲しかったのだ。だから真珠湾奇襲のことを知りながらわざと知らせず、日本に奇襲させた、というわけである。

当時は第二次世界大戦が始まって二年三カ月余りがたっていた。ナチス・ドイツと戦っていたのはイギリスとソ連だけで、イギリスは早くからアメリカの参戦を期待していた。ドイツと軍事同盟を結んでいた日本が、太平洋方面でアメリカに戦いを仕掛けてくれれば、日本に宣戦布告することでその同盟国もアメリカに宣戦してくるだろうから、晴れてヨーロッパの戦争にも参戦できると、ルーズベルト大統領は考えていたに違いない、というわけである。

アメリカでは、月面着陸のニュースもじつはウソであり、地上でつくられた映像が流されたという主張が堂々とくりかえされたぐらいのお国柄だから、〝パールハーバー奇襲は大統領の陰謀〟説がくりかえし説かれるのも不思議ではない。

大統領陰謀説を唱える人は多くの〝証拠〟をあげているから、とてもその説のすべてを簡単には説明できない。しかし、最大のポイントは、ハワイに近づきつつあった日本の機動部隊から発せられた無電が何カ所かでキャッチされ、それが大統領だけに刻々と知らされていたというものである。

日本の「騙し討ち」を激しく非難し、日本に宣戦布告するルーズベルト米大統領（前列左端）

ハワイ奇襲作戦は、当時にあっては最高機密であった。機動部隊は訓練地の大分県佐伯湾を出港し、いったん択捉《エトロフ》島単冠《ヒトカップ》湾に集結した。そこから十一月二十六日に出港し、ハワイ北方に航行する。ところが機動部隊は佐伯湾を出港した時点から完全な無線封止をおこなうとともに、「九州方面の陸上航空部隊や艦船によって、無線電信の偽交信を行い、空母群がいぜんとしてこの方面で訓練中であるかのように偽装して」（野村実『海戦史に学ぶ』文春文庫）いた。

今日まで、日本側の記録からは真珠湾奇襲成功までの期間、ただの一回も電波を出した軍艦はないと信じられている。

なかなか確証が出せない陰謀説

ところが、大統領陰謀説を説く者は日本の機動艦隊が奇襲成功まで一回も無線を発しなかったのは神話にすぎないとして、多くの関係者の直接証言や伝聞証言を取り上げ、証拠はこんなにたくさんあると主張する。ただし証言者には日本人は含まれていない。

たとえばピュリッツァー賞作家のジョン・トーランドが書いた『真珠湾攻撃』（文藝春秋　一九八二年十一月刊行）は、訳者の徳岡孝夫氏によると、次のようなあんばいだ。

「トーランドが出している新説の一つは、ジャワのオランダ軍がハワイへ向かう日本機動部隊の動きを傍受電で探知していたということ、もう一つはサンフランシスコの第一二海軍区で南雲《なぐも》機動部隊の電波を傍受していたということです。この電波というのは、艦から艦へリレーされる命令だったそうです。第一二海軍区情報部には、大統領と個人的に親しい士官が一人おりまして、その士官を通じて情報は全部ホワイトハウスにいっていたはずだが、とトーランドはいうのですね。その記録がすべて失われているのは、だれかが湮滅《いんめつ》したからである、と主張しているのです」

（座談会「真珠湾奇襲は大統領の陰謀か」での発言。『歴史と人物』増刊・太平洋戦争――開戦秘話　中央公論社）

トーランドの著作からだいぶたって、今度はロバート・B・スティネットの『欺瞞の日々　ルーズベルト大統領および真珠湾に関する真実』（妹尾作太男監訳　文藝春秋　二〇〇一年）が出た。これによると、日本の機動部隊は無線封止どころか合計で一二九通もの無線を発信し、ことごとくアメリカ軍によって位置を確認されていたという。

スティネットはいう。

「ハワイに向かっている機動部隊指揮官・南雲提督が最もお喋りだった。（日本海軍の通信を）監視している米海軍傍受ステーションが（真珠湾攻撃に関し）傍受した海軍の無線通信のうち、半分近くが同提督から発信されたものだった」（妹尾作太男「オトリに釣られた真珠湾〝奇襲〟」『別冊歴史読本』戦記シリーズ50　新人物往来社から引用）

スティネットの陰謀説には、秦郁彦氏の詳細な反論があり（「スティネット『欺瞞の日』の欺瞞」　秦郁彦編『検証・真珠湾の謎と真実』所収　PHP研究所）、それはそれで非常に説得力があるものである。秦氏の反論の根拠は、やはり確証が挙げられていないという点に尽きるだろう。

　もっとも、アメリカは基本的には日本に最初の一発を撃たせてから開戦に踏み切りたかった。それは記録にも残っており、確かなことである。そして実際に、ルーズベルト大統領はスターク海軍作戦部長と相談して、マニラのアジア艦隊司令長官ハートに命令し、マレー半島に向かう日本の南進船団を妨害するために三隻の小船を用意した。わずか三隻の小船でも正規の合衆国軍艦が三隻沈められたとしたら、

東京日日新聞
帝國、米英に宣戰を布告
畏し大詔渙發さる
英米の暴政を排し
東亞の本然を復す
政府 宣戰の使命聲明
近代海戰
新嘉坡 布哇 比島猛爆
陸軍 香港攻撃開始
馬來半島上陸
マニラ爆撃
米輸送船雷撃
泰侵入の英軍掃蕩中
ホノルルを猛爆
米艦オクラホマ火災
天津の米兵營接收

日本の米・英に対する宣戦布告は真珠湾攻撃の後に出された。「紀元2601年　昭和16年12月９日」（西暦1941年）付『東京日日新聞』（今の毎日新聞）

針小棒大に宣伝して日本の不法攻撃を訴え、場合によっては戦争に突入する予定だった（前出「座談会　真珠湾奇襲は大統領の陰謀か」による）。

　記録によればそのなかの一隻「イザベル号」が南シナ海で日本海軍の哨戒機《しょうかい》に発見され写真まで撮られた

が、攻撃まではされなかったという。あまりにも小さくて軍艦には見えなかったというのが通説だ。

とにかく、いろいろな〝証拠〟が挙げられている大統領陰謀説は、定説を完全に覆すほどの確証を見出していない。情報開示が進んでいるあのアメリカで、いまだに権威ある証拠が発見されていないという事実も、陰謀説に不利に働いている。

しかしながら、「真珠湾を〝奇襲〟した機動部隊は正規大型空母六隻を中心として、これを護衛する戦艦二、軽巡二、駆逐艦九、伊号潜水艦三、給油艦七で編成されていた。この大海上部隊が横幅約三〇キロ、縦約五〇キロの警戒航行序列で十一月二十六日から十二月七日まで十二日間かけ、単冠湾からハワイ近海まで三五〇〇マイル(約五六〇〇キロ)を忍び寄ったのである。言うなれば淡路島が動いているようなものであった。(中略)

これまでのところ、この大部隊が誰の目にも発見探知された記録はないことになっている。果たしてそんなことがあり得ただろうか」(前出・妹尾「オトリに釣られた真珠湾〝奇襲〟」)という素朴な疑問が消えないかぎり、大統領陰謀説は今後も絶えないように思われる。

第3話◉間に合わなかった最後通牒

ハワイ真珠湾奇襲が始まってから一時間後に手交された最後通牒

奇襲三十分前の手交を命じていたが……

日本政府はアメリカとの戦争を始めるにあたって、いわゆる最後通牒《つうちょう》を突きつけたのち、実際の攻撃を開始することにした。ハーグ平和会議（一九〇七年）で結ばれた「戦争の開始に関する条約」が、開戦に先立ち何らかの最後通牒を発すべきであると規定していたので、条約批准《ひじゅん》国である日本は、文明国らしく振る舞おうとしたのである。

最後通牒とはいえ、内容は日米交渉の経過をつづった長い文章の最後に、「帝国政府はここに合衆国政府の態度に鑑《かんが》み、今後交渉を継続するも、妥結《だけつ》に達するを得ずと認むるのほかなき旨《むね》を、合衆国政府に通達するを遺憾《いかん》とするものなり」となっていた。すなわち、この年の四月以来おこなわれていた日米交渉を打ち切るという通告であり、誰が読んでも戦争に訴えると理解できるような最後通牒ではなかった。

ただ、東郷茂徳《とうごうしげのり》外相は交渉打ち切り通告で十分〝最後通牒〟になると考えたという。

さてこの最後通牒を、東郷外相は駐米日本大使野村吉三郎《のむらきちさぶろう》（予備役の海軍大将）にたいして、ワシントン時間十二月七日午後一時（日本時間十二月八日午前三時）に（までに、ではない）、ハル国務長官に手交《しゅこう》するよう命じた。東郷外相は、日本軍が十二月八日に戦争を始めるということを知らされていた。しかし、軍部がなぜ手交時刻まで指定したかは知らなかった。

じつは、日本海軍の空母機動部隊がハワイの真珠湾をその日のワシントン時間午後一時三十分（ハワイ時間では七日午前八時）に攻撃開始することになっていたのである。すなわち、手交時刻は真珠湾奇襲三十分前の時刻だったのだ。

外相が知らないのだから、野村駐米大使も来栖三郎《くるすさぶろう》特派大使（野村大使の補佐役）も、十二月七日午後一時の本当の意味を知らなかったわけである。いわんや、ワシントンの日本大使館職員のすべてが、そんな重大な時刻であるということに気づかなかった。

しかし、少し神経をつかえば気づいてもおかしくはなかった。なぜなら事前に、清書にあたっては大使館が雇っているアメリカ人タイピストを使ってはならないこと、暗号文がすべて打電された直後には、三台ある暗号解読機のうち二台と、暗号書は二冊を残してすべて破棄せよという命令が届いたこと、通告文の最後が、交渉打ち切り通告になっていたこと等々、いかに重大な事態であるかを理解するのに十分な情況があったからである。

ワシントンで最後の日米交渉にあたった野村吉三郎駐米大使（右）と来栖三郎特派大使

ともかく、暗号を日本語に直し、日本語をさらに英語に翻訳してタイプ打ちが始まったが、それは一等書記官の奥村勝蔵が担当した。とはいえ、タイプは得意ではなかったらしく一本指の雨だれ式で打ち進め、時間がかかった。やむなく大使館は国務省に会見時間の延長を申し込み、最後には野村・来栖両大使とも大使館の玄関に出て、まだかまだかと足踏みしながら待ち続けた。

こうしてようやく清書ができあがり、急いで国務省に赴き、ハル長官と会見したときは午後二時二十分になっていたという次第だったのだ。

事前に最後通牒の内容を知っていたアメリカ

もちろんその時刻には、真珠湾が日本軍によって攻撃されているという報告はワシントンに届いていた。すでに日本はアメリカにたいして攻撃を開始していたのである。そんなことはつゆ知らず、野村大使はハル長官に最後通牒を手渡したわけである。

ハルは文書を一読後、「私の五十年の公職生活を通じて、これほど恥知らずな、虚偽と歪曲にみちた文書を見たことがない。こんな大がかりな嘘とこじつけを言い出す国がこの世にあろうとは、いまのいままで夢想だにしなかった」と、最大級の罵声を浴びせた。そして、何か言い出そうとした野村大使を手で制し、「あごでドアのほうをさした」という。

日米交渉打ち切り通告が、真珠湾攻撃の約一時間後に手渡されたのだから、ハルの怒りも当然だが、非難を浴びせられた日本大使も最初は何がなんだかわからなかったに違いない。両大使がすでに日本軍が真珠湾を攻撃していたということを知ったのはそのあとである。

日本側は、太平洋戦争に負けたあとに知ったことだが、ハル長官は野村大使から文書を受け取る前に、文書の内容をすべて知っていた。外務省の暗号がことごとく解読されていたからである。ルーズベルト大統領は届けられた解読文にすべて目を通したあと、「これは戦争を意味する」と側近にもらしたほど、交渉打ち切りの真意を理解していたのである。真珠湾が奇襲を受けたとの情報が大統領に届いたのはそのあとのことである。

日米交渉の相手役、コーデル・ハル米国務長官

〝敵国の大統領〟さえ、その文書の内容が開戦通告であると直感するほどだったのに、日本大使をはじめ日本大使館職員一同が、そのようなせっぱ詰まった意味に解しなかった理由は、今日でも依然として謎である。

謎ではあるが、はたして東郷外相が、事態はせっぱ詰まった情況にあるということを、最後通牒前のいろいろな訓令で日本大使に伝える努力をしたかどうか、その点に疑問が残っている。

もともと最後通牒を出そうと提案したのは東郷外相だった。ところが軍部は海軍も陸軍も反対した。無通告で奇襲をおこない、戦争の主導権を握りたかったのである。それを和平の時期になれば、最後通牒をしていたほうが何かと都合がよいと説き伏せ、やむなく軍部も賛成したという経緯があった。

そこで最初は、海軍から要請された午後十二時半が指定された。奇襲開始一時間前である。ところが直前になって、三十分前の午後一時に変更された。海軍のこれまでの訓練などを見ていると、たいてい予定より遅れるから、三十分前でも充分という理由だったそうである。

すでに東郷外相は、陸海軍から十二月八日の開戦日を知らされたとき（十一月二十九日）、勘づかれないように偽装外交をうまくやって欲しいと要請されていた。もちろん東郷外相とて、国益第一で

東郷茂徳外相

あるから異存はなかった。開戦が迫っていると感じとられそうな電報が日本大使館に打たれた形跡はまったくない。

それどころか、野村・来栖両大使は最後のご奉公とばかり、ルーズベルト大統領から天皇宛の、戦争回避に関する親電を出してもらうように全力を注いでいた。大統領親電のこのアイデアは、イェール大学歴史学教授の朝河貫一《あさかわかんいち》博士によったが、最後の段階で具体的に実現する運びとなり、十二月六日に日本向けに親電が打たれた。

そういうこともあって、二人の日本大使は事態が切迫していたという感覚はなかったのかもしれない。少なくとも天皇宛の大統領親電が発せられたのである。いくらなんでもそれに対する答礼の親電ぐらいはあって当然だ、という思いが強かったのではなかろうか。まさか、二日後の開戦などは予想できなかったのではないだろうか。

そう考えてくると、通告の結論である

ルーズベルト大統領から天皇への親書を送るように尽力した朝河貫一博士

「日米交渉打ち切り」の部分だけでもとりあえず予定時刻に届けておけば良かったのにという後知恵のアイデアも、色あせてくる。天皇からの答礼電報を待とうという心理が働いてはいなかったか。

天皇宛の大統領親電はなぜか十二月七日の夕方になってやっと外務省に配達され、それが翻訳されて東郷外相が天皇の前で読みあげたとき、すでに真珠湾攻撃の飛行機部隊は母艦を離れ、刻々と真珠湾に近づきつつあったのである。

なお、ついでにいえば、日本政府の〝最後通牒〟はアメリカ政府にたいしてだけで、イギリス政府にはなされなかった。イギリスと開戦するということは、その植民地であるマレー半島に敵前上陸することであり、その領土である香港を攻撃することである。

イギリスにたいする最後通牒は用意されなかったどころか、マレー半島コタバル上陸作戦は、真珠湾奇襲より一時間以上早く予定されていた。それに気づいた海軍は陸軍に予定を遅らせてもらった。しかし、実際に敵前上陸がおこなわれたのは、真珠湾より一時間五十分早い十二月八日午前一時三十分だった。

第4話◉奇襲か？　強襲か？

奇襲作戦だったのに、なぜか強襲を命じる信号弾二発が放たれた

淵田指揮官は奇襲成功を確信したが……

真珠湾のアメリカ太平洋艦隊を最初に襲ったのは、淵田美津雄中佐が指揮する第一次攻撃隊一八三機である。内訳は、

●水平爆撃隊・四九機（約二〇〇〇メートル上空からパラパラと爆弾を落とす。艦攻＝艦上攻撃機が担当）

●急降下爆撃隊・五一機（急降下して敵艦に迫り、狙いすまして爆弾を投下する。真珠湾では飛行場の飛行機破壊も。艦爆＝艦上爆撃機が担当）

●雷撃隊《らいげきたい》・四〇機（航空魚雷を海面に発射して走らせ、敵艦の腹に当てる。艦攻＝艦上攻撃機が担当）

●制空隊・四三機（敵機を攻撃して寄せつけず、上空を制圧する。艦戦＝艦上戦闘機が

担当する。このときの艦戦はすべてゼロ戦）であった。

さて、攻撃隊は真珠湾上空に達した。編隊に気づいて舞い上がったアメリカの戦闘機は見当たらなかった。係留されているアメリカの軍艦にも特別な変化がなかった。

淵田中佐は予定通り奇襲が成功したと確信した。そこで窓を開けて信号弾を一発発射した。その合図で、まず雷撃隊が最初に突っこみ、制空隊が真珠湾の上空を制圧するため前方に突撃することになっていた。これが奇襲である。

だから淵田中佐は奇襲の合図をしたわけだった。

ところが何を思ったか、十秒後に淵田中佐はふたたび信号弾を発射した。合計二発である。信号弾二発は強襲の隊形を取れという命令だった。

強襲命令の信号弾に敏感に反応したのは高橋赫一少佐が率いる急降下爆撃隊だっ

真珠湾攻撃の航空部隊を指揮した
淵田美津雄中佐

飛行甲板で攻撃部隊に対する発進命令が下された。空母「瑞鶴」

た。ただちに目標である各飛行場を攻撃する態勢に入った。それを見て、雷撃隊指揮官村田重治少佐は、高橋少佐が判断を誤ったものと思い、急いで高度を下げ、一刻も早く真珠湾への侵入をはかった。

ところが、急降下爆撃隊が早々と落とし始めた爆弾のため、真珠湾上空は黒煙がもうもうと立ちこめ始め、雷撃隊の侵入がむずかしくなった。とはいえ、訓練に訓練を重ねてきた雷撃隊だったから、大きな混乱もなく命中率九〇パーセントという驚くべき戦果をあげた。しかし、五機がその後に応戦した対空砲火にたおれた。それが実際には奇襲であるべきはずなのに、結果的には強襲命令とも受け取られた信号弾二発の思わぬハプニングであったといえよう。

魚雷を抱えて真珠湾へ向けて発進する艦上攻撃機(雷撃機)

なぜ、指揮官淵田中佐はそんなまぎらわしい信号弾を撃ったのか。実際にその場を体験した空母「加賀」の戦闘機隊長志賀淑雄大尉は、筆者(渡辺)にこう語ったことがある。

「いろいろな書物などに、戦闘機隊が奇襲信号があがったのに予定の行動をとらなかったため、信号弾を見落としたのだろうと思った淵田中佐がもう一発撃ったと書かれていますが、私にはそのように見えませんでした。たぶん、淵田さんは多少あがっていたのではないでしょうか」

あり得る話だ。準備に準備を重ねてきた最後の段階で、奇襲は一発なのか二発だったのかと一瞬迷ったということもあるだろうし、一発目を撃ったことを忘れて二発目を一発目のつもりで発射したかもしれないのだ。

電報はやはりトラトラトラ（我奇襲に成功せり）だった

今となっては永遠の謎ではあるが、そういうありそうもないミステイクは絶対起こらないとはかぎらない。

たとえば、開戦日を十二月九日と思いこんでいた軍人もいた。

開戦初日にマレー半島のタイ領シンゴラに上陸した日本陸軍の市川部隊（歩兵第一一連隊第三大隊市川正少佐指揮の約一〇〇〇人）は、そこでタイ国軍に変装して、日本軍に追われるふりをしながら、三五〇キロ南のクアラカンサルまで突進するつもりだった。まだタイと日本の間に、日本軍がタイ領土を通過できるという協定ができていなかったからである。

「クアラカンサルはマレー最大の河・ペラク河にかかる橋があるところで、英印軍がそこを爆破する前に到着し、本隊が到着する一週間から十日間、橋を死守することが（市川支隊の）任務である。部隊は上陸時からタイ国軍に変装して作戦を開始した。『逃亡』に使用する自動車や、タイ国軍らしく見せるため同乗させるタイ人ダンサーは、シンゴラの領事館員として潜行している大曽根義彦少佐が準備しているはずということであった。

しかし、実際に上陸してみると大曽根少佐は上陸作戦は九日とばかり思っており、準備がまったく整っていなかった」（森山康平『南方進攻作戦』学研文庫）

こういう次第だから、淵田中佐でも緊張の余りあがってしまっていたのではないか。ともかくこうして全軍突撃命令を出したあとのことを、次のように書いている。

「上空にはまだどこにも空中戦闘の起こっていそうな気配もない。どうやら奇襲は成功したらしい。ここまでもってくれれば、飛行機隊の腕には自信がある。あとの戦果は見とどけんでも、もう先は見えている。よし報告を急ごう。山本大将も、大本営も、一刻も早くこの報告を待っている。

私はまたも電信員を振り返った。

『水木兵曹、甲種電波で艦隊あて発信……我奇襲に成功せり』

水木兵曹は待ってましたとばかり電鍵《でんけん》を叩いた。

略語はトラである。トラトラトラと放送したのである。そして暫くして、

『隊長、先の通信、赤城了解』（赤城は空母、ハワイ奇襲機動部隊の旗艦）

と報告した。時に午前三時二十三分、突撃を下令して四分後であった」（真珠湾上

真珠湾上空の艦上攻撃機

空一時間『別冊知性』一九五六年　河出書房）

こうして有名なトラトラトラが誕生した。やはり淵田中佐は奇襲成功と信じているのであって、それが強襲であるとは夢にも思っていなかったのである。

この淵田中佐には興味深い〝戦後史〟がある。あるきっかけからキリスト教徒となり、伝道師となってアメリカ各地を伝道して回ったというのである。

アメリカでは決まって「パールハーバーを攻撃した淵田です」と告白していたそうで、聴衆は一瞬静まりかえったそうである。

それでも淵田の説く説法には無理がなかったとみえて、受け入れられていったという。伝道でアメリカに一九五〇年代半ばから約十年ほど住んだが、その間フランス、フィンランド、デンマーク、西ドイツ（当時）などヨーロッパ各地も伝道した。

なぜ日本での伝道ではなくアメリカだったのか、それはまた奇襲の信号弾二発以上に不可解なことではある。

もっとも日本帰国後の淵田は、人から戦争と平和について聞かれると、よく次のように語っていた由である。

「地球には天使と悪魔がいるが、戦争は悪魔のなせる業だ。満州事変、支那事変（日中戦争のこと）、大東亜戦争（日中戦争と太平洋戦争を合わせて命名された当時の呼称）などは、日本が悪い。軍国主義のなせる業だ。世界から戦争をなくそうというなら、各民族が雑婚すべきだ。俺の家族はそれを実行している」と。たしかに、かれの長男、長女はアメリカ人と結婚している。

（渡辺大助）

第5話◉山口多聞少将は「第二次攻撃の要あり」と意見具申したのか

一回目の真珠湾攻撃が終了後、さらなる攻撃隊出撃は可能だったのか

真珠湾奇襲は艦船と飛行機だけを破壊した

真珠湾を襲った航空部隊は第一次攻撃隊のあと第二次攻撃隊が間をおかずに出撃した。第二次攻撃隊の指揮官は嶋崎重和《しまざきしげかず》少佐で、一六七機だった。第一次攻撃隊と合わせると、六隻の空母から合計三五〇機が出撃し、真珠湾を攻撃したことになる。

ところが、この第二次攻撃隊も大部分が母艦に帰ったあと、空母「蒼龍《そうりゅう》」「飛龍《ひりゅう》」の二隻を率いる山口多聞《やまぐちたもん》少将が、「第二次攻撃の要あり」と、機動部隊司令部に意見具申したといわれる。たいていの山口少将伝にはそう記されており、いかにも山口少将らしい積極性と先見性を備えたエピソードとなっている。

第二次攻撃隊は出撃したのに、「第二次攻撃の要あり」とはいかにもわかりにくい。実際は第一次攻撃隊と第二次攻撃隊をまとめて、「第一撃」と称されたらしい。防衛庁戦史室著『戦史叢書　ハワイ作戦』では、山口少将は「第二撃の準備完了」と信号し、第二撃をそれとなく催促したと書いている。

結論からいうと、山口少将の意見は取り上げられず、第二撃はなかった。というより、そもそも山口少将はそんな意見具申はしなかったという、確からしい反論がある。

それは機動部隊の航空参謀だった吉岡忠一《よしおかただかず》中佐（当時）が書いているものだ。意見具申があったのなら覚えていておかしくないポストである。吉岡は次のように書く。

「第１撃」の「第２次攻撃隊」指揮官
嶋崎重和少佐

「第二航空戦隊司令官山口多聞少将が第二次攻撃の要あり、と意見具申をしたと言う伝説がある。一航艦司令部（第一航空艦隊司令部。真珠湾奇襲機動部隊の司令部でもあり、空母『赤城』に置かれた）ではだれ一人

真珠湾へ出撃する飛行機を帽子を振って見送る将兵

それを受けた覚えはなかった。戦後市ヶ谷の戦史室で角田求士《ひとし》元中佐がハワイ海戦の信号・電報を全部調査したが、ついにそれは見当たらなかった。したがってそのような伝説は誤りであると決定した。

母艦は飛行機を収容し、燃料を搭載し、攻撃準備を完了したときに、各艦乗組員は艦長に、艦長は戦隊司令官に、司令官は司令長官に『われ攻撃準備完了』の報告をする。これを、あとになって幕僚なり、艦長が第二次攻撃の要ありと勘違いし、そうだそうだと思っている間に『第二次攻撃の要あり』と自己催眠にかかったのではないだろうか、と想像している。

山口少将の勇猛果敢の伝説と、自己催眠が混同して、山口少将より第二次攻撃の要ありの信号があったように錯覚したのではなかろうか」(「海軍航空参謀の回想　ハワイへの道程」『歴史と人物』「実録・太平洋戦争」特集号　昭和五十六年九月　中央公論社)

吉岡は同じ稿で、戦後まもなく(一九四七年=昭和二十二年初夏)、マッカーサー司令部(GHQ)でゴードン・W・プランゲの聞き取り調査に協力させられたと書いている。そのときプランゲはまず最初に、「(真珠湾で)日本軍はなぜ第二次攻撃をしなかったのか」と質問した。

吉岡は、第二次攻撃は必要なかったし、する計画もなかった、第二次攻撃をなぜやらなかったと質問した海軍士官もいなかったと答えたところ、「プランゲは目を白黒(否、白青)していた」そうである。

吉岡は、日本海軍の伝統には同じ日に二回つづけて出撃を命じることはなかったといい、「もしハワイ攻撃の場合、第二次攻撃を計画するならば、交代する搭乗員を準備しなければならぬ。ハワイ攻撃の場合、その準備はなかった」と書いている。

吉岡に質問したプランゲはその後『トラ・トラ・トラ』を書き、ハワイ作戦の全容紹介につとめた。真珠湾奇襲に関する最もポピュラーな一冊である。

山口少将のどんな性格が伝説をつくったか

吉岡もいうように、山口少将は勇猛果敢であったという。

真珠湾奇襲作戦に関しても、多くの幕僚・指揮官が尻込みし、山本五十六連合艦隊司令長官の大いなるバクチとして危ぶむ雰囲気のなか、積極的に作戦を支持し、成功を信じていた。そして、そのつもりで指揮下の「蒼龍」「飛龍」航空隊に猛訓練を課していた。

「第2撃（第2次攻撃）」を意見具申したとされる山口多聞少将

ところが両空母は航続距離が短く、途中で作戦には参加させないことになった。

怒り狂った山口少将は、上司にあたる南《な》雲《ぐも》忠一《ちゅういち》第一航空艦隊司令長官の胸をつかみかからんばかりに迫り、「連れて行ってくれ、帰りは漂流してもかまわない。何のために部下にいままで猛訓練をさせてきたのだ」と、押しまくった。そういう山口少将自身の強気な姿勢と、山本司令長官の強い意志がからまって、出撃が決まった。

山口少将の「第二次攻撃の要あり」の〝意見具申〟は、山口の先見性を示すものとも受け取られる伝説となっている。

すなわち、ハワイ作戦におけるアメリカ側の〝マイナス評価〟のひとつに、「オアフ島にある石油タンクや工廠《こうしょう》の修理施設」を爆撃せず、アメリカ太平洋艦隊の立ち直りを早めた点が指摘されるのが普通である。第二次攻撃がおこなわれたならば、当然これらが爆撃目標となったはずである。日本は戦果拡大のチャンスを逃したというのだ。

ただ不思議なことに、瀬戸内海柱島《はしらじま》を出港してハワイへの針路をとり、北緯三四度・東経一四五度付近を航行中の連合艦隊旗艦「長門《ながと》」の司令部では、奇襲成功の報のあと、機動部隊が第二次攻撃をおこなうかどうかに注目していた。つまり同司令部内では第二次攻撃は当然おこなわれるべきだという雰囲気だったらしい。しかしながら、こういう情況は、先に見た吉岡手記の論理に反する。

吉岡は、第二次攻撃の交代搭乗員をあらかじめ用意していなかったのだから、第二次攻撃はもともとあり得ないのだという。そのことは連合艦隊司令部も知っていたはずだから、第二次攻撃を期待する声が上がるのはおかしいだろう。

にもかかわらず期待感が高まっていたというのはどういうわけだろうか。攻撃を終えて帰ってきたばかりの搭乗員に、もう一回飛んでくれとの過酷な任務を期待したということだろうか。

　このあたりの雰囲気を、連合艦隊司令部従兵長《じゅうへいちょう》（長官の雑用一切を担当する長）だった近江兵治郎は、山本長官は「南雲部隊から『第二次攻撃隊』を発進させ、より徹底的に真珠湾を叩きたい意向を持っていることが、その様子から察せられた」と書き、つづいて「しかしそれとは裏腹な意味の独り言が、長官の口から漏れるのを私は耳にした。『南雲は一回で引き返してくるだろう』。それはいかにもぞんざいな言い回しであった」（『山本五十六とその参謀たち』ティ・アイ・エス発行）と書いている。

真珠湾攻撃を受けて、議会に日本に対する宣戦布告を要請するルーズベルト大統領

　山本連合艦隊司令長官は、吉岡のいう〝海軍航空隊の伝統〟を捨ててでも、第二次攻撃をおこなうべきだと考えていた

ことがわかる。

こういう経緯をふまえて、野村実は次のように書き、やはり第二次攻撃は必要だったのではないかというニュアンスを伝えている。

「南雲中将が第一撃の戦果のみで満足し、第二撃を加えないで戦場を離脱したことを非難する声がある。

最初の計画段階から終始、薄氷を踏む思いで作戦に従事していた南雲に、第二撃を期待するのは過望のそしりを免れない。

もちろん、第二撃、第三撃の徹底した猛攻撃が理想であるが、それは（真珠湾奇襲作戦の）発案者で責任者でもある山本自身が、現地で指揮するほかなかったと思われる」（前出『海戦史に学ぶ』）

山口少将の「第二次攻撃の要あり」の伝説は、〝ハワイ作戦への過望〟が生き続ける限り、これからも〝実話〟として語りつがれていくだろう。

第6話◉真珠湾奇襲作戦で、早くもおこなわれた〝特攻〟の謎

真珠湾に突っこみ、軍神となった〝九人〟の特殊潜航艇乗員

真珠湾に突っこんだ特別攻撃隊

特攻とは、いうまでもなく特別攻撃隊の略称である。普通は、アメリカ軍のフィリピン・レイテ島上陸（一九四四年＝昭和十九年十月二十日開始）に際し、はじめて神風《しんぷう》特別攻撃隊が編成され、特攻機が出撃した、とされる。

ところが実際には、開戦初日の真珠湾奇襲において、早くも特別攻撃隊、すなわち特攻隊が出撃し、真珠湾への突入をはかったのである。まことに解せない話である。

このときの武器は飛行機ではなく、特殊潜航艇と呼ばれる二人乗りの小さな潜水艇だった。内部では秘密を保つため、「甲標的《こうひょうてき》」という符丁のような名前がつけられていた。なぜ、開戦初日に必死攻撃である特攻がおこなわれたのだろうか。

海岸に乗り上げ、当時発見された特殊潜航艇

特殊潜航艇は全長二四メートル、二人乗りで、魚雷を二本発射することができた。一〇〇メートルまで潜行できるが、時速四〇キロで五十分ほどしか航行できない。だから潜水艦に搭載されて戦場に近づき、十分に近づいてから母潜から出撃した。

真珠湾作戦では五隻の潜水艦が各一艇ずつ搭載し、真珠湾に近づき、出撃させたのだ。結果は、二隻だけはなんとか真珠湾に侵入し、魚雷を放ったといわれる。戦果があったかどうかもわからない。

魚雷を放ったあとは湾を脱出して定められたポイントで漂流していれば、母潜が見つけ出して拾い上げるという手はずになっていた。しかしながらそれは建前で、その望みはまったくなかった。搭乗員は「帰れまい」「帰っては来るまい」の覚悟のもと出撃した。救出計画はもともと、出撃を連合艦隊司令部に認めさせる〝机上のプラン〟だったのである。

要するに「甲標的」は、後年の体当たり兵器ではないが、生還できないという意味では特攻兵器だったのだ。

この〝必死兵器〟は、真珠湾奇襲作戦に合わせて開発されたのではなかった。開発が始まったのは一九三二（昭和七）年というから、満州事変の直後である。太平洋戦争が始まる九年も前である。

日本は、満州事変において、中国東北地方に満州国という傀儡《かいらい》国家をつくり、日本の植民地とした。しかし、国際世論はそれを認めなかった。それにたいして日本は、怒ったか、あるいはがっくりしたかはともかく、代表的な国際世論の場である国際連盟を脱退して、満州国を維持し、独自の道を追い求める戦略を選択した。

当時日本は、拒否権を持つ常任理事国四カ国（日・英・仏・伊。アメリカは連盟不参加だったが、オブザーバーとして陰の実力者だった）のなかの一国で、いわゆる列強の一翼を担っていたのに、である。

これによって西洋列強との協調路線が完全に放棄された。しかしながら協調路線時代の産物である海軍軍縮条約（一九二二年ワシントン、一九三〇年ロンドンの各条

1960年（日本敗戦から15年後）7月15日、真珠湾港外から引き揚げられた特殊潜航艇

約）は期限まで維持しようとした。

軍縮条約は、戦艦や重巡洋艦の保有トン数比率を、日本は英・米の六割に甘んじるという条約である。政府や海軍首脳としては、劣勢とはいえ英米とうまく折り合いながら、戦争にならないような政策で臨むという前提だった。しかし、軍縮条約を英・米にたいする屈辱・屈服と強く意識する海軍軍人は多かった。

条約は条約として仕方がないが、いざ戦争になったとき、なんとか負けない工夫をしておかなければならないと焦ったグループがいた。そういう背景のもとに着想されたのが特殊潜航艇だったのである。今日では想像もできないような軍人の強すぎる危機意識が、こんな兵器を生んだのである。

特殊潜航艇は、アメリカ艦隊が日本に押し寄せたときを想定し、一番早く最前線に進出して魚雷攻撃することが、そもそもの目的だった。当時の日本海軍はアメリカの艦隊が押し寄せてきたとき、どうやってそれを撃滅するか、それだけが唯一の使命と心得て訓練していたのである。

それが時代を経ていくうちに、日米戦争必至の情況となった。

「五隻・一〇人」出撃で、軍神九人の〝栄誉〟の裏に

特殊潜航艇を指揮する潜水艦部隊が、山本五十六連合艦隊司令長官にたいして、日米戦争勃発のあかつきには、いの一番に真珠湾に突っこませて欲しいと、懇願したのは一九四一（昭和十六）年八月である。すでに山本は航空部隊による真珠湾奇襲を決めていたが、そのことはもちろん告げることなく、生還の望みなき出撃は認めないと却下した。

そこで救出方法を詳細に計画し、あらためて出撃を申し出た。もちろん特殊潜航艇の航続距離など基本的な性能はほとんど変わらないから、救出計画は机上プランにすぎなかった。結局山本はその愛国の至情にほだされて、出撃を許可したのである。ただし、航空攻撃が始まってからの真珠湾侵入である。

特殊潜航艇で真珠湾攻撃に参加した10人。このうちの9人が“軍神”となった

潜水部隊も、航空攻撃による奇襲構想を明かされてびっくりしたことだろう。特殊潜航艇のたんなるかき回し的な作戦とは違い、堂々たる正面攻撃だからである。そんな本格的な正面作戦があるのなら、何も好んで必死攻撃の特別攻撃隊など出撃には及ばないはずだが、この日のために訓練してきた軍人たちにとっては命は惜しくないのだった。この辺の〝無駄な頑張り根性〟がなかなかわかりにくく、なぜそこまで無理する必要があったのか、やはり謎としか言いようがない。

ともかく予想どおりというべきか、出撃した特殊潜航艇五隻は一隻も帰還しなかった。アメリカ側の記録によると、一隻は早いうちに湾外で撃沈された。二隻が湾内に

東京でおこなわれた“9軍神”の合同葬儀

侵入したが、魚雷を発射したかどうかはわからない。一部では写真に残された海面波形を分析して、特殊潜航艇の魚雷ではないかという〃研究〃もあるそうだ。

真珠湾奇襲から約三カ月後、一九四二（昭和十七）年三月はじめ、海軍は突然、真珠湾奇襲作戦に特殊潜航艇による特別攻撃隊が出撃したこと、九人が名誉の戦死をとげたこと、今後この九人を軍神として称賛すること、彼らの偉業は「特別攻撃隊」の名前で呼ばれるべきこと、などを発表した。各新聞も一面トップで大々的に報道し、国中が興奮で大騒ぎとなった。

海軍では彼ら九人がそろいもそろって格別な親孝行者であったことを強調し、そのことが身を挺して国家や天皇に忠義をまっとうする精神と軌を一にしていることを強調した。まさに「教育勅語《ちよくご》」で説いているお手本としての日本人であることを国民にたいして高唱したのである。戦術的にあまり意味のない開戦初日の特攻出撃の効用は、このような形で、国民の戦意高揚の教科書としての役割を担わされたのであろうか。そうでないと、出撃の意味そのものがわからない。

しかし、海軍関係者ならすぐ気づいたかもしれないが、二人乗り特殊潜航艇なら、戦死者は偶数であるべきなのに、九人という奇数になっているのはどういうことだったのか。じつは「五隻・一〇人」出撃して、一人だけがアメリカ軍の捕虜になっていたのである。

日本軍では捕虜になることはタブーだった。捕虜になる前に自決する必要があった。ところが、一人だけ捕虜になっていることが、アメリカの放送などで判明した。海軍では、その一人はあたかもいなかったかのように、九人だけを軍神として称賛したのである。

第2章

南方攻略作戦と緒戦の快進撃をめぐる謎

白旗とユニオンジャックを担いでシンガポールのイギリス軍は日本軍に降伏を意思表示した

第1話◉「イエスかノーか」。山下将軍はテーブルを叩いて詰め寄ったか

マレー・シンガポール作戦でイギリス軍を降伏させた猛将伝説

山下奉文《やましたともゆき》中将はいらだっていた

太平洋戦争は、海軍が真珠湾奇襲なら陸軍はマレー・シンガポール作戦が皮切りである。マレー半島もシンガポールもイギリスの植民地だったからそれを奪う作戦だ。

マレー・シンガポールとはいってもシンガポール島こそ東洋における英軍の最大根拠地だから、いきなりシンガポールに敵前上陸できればよかったが、それはできないと判断された。シンガポール要塞には重砲が装備され、海に向かって砲身が向けられている。

故に、マレー半島の背後から忍び寄り、ジョホーバル水道を渡ってシンガポールに上陸するしかない。要塞の重砲は海に向かって固定されており、マレー半島への

転換はできないようになっていたからだ。

マレー半島をタイ国境付近から南下した日本軍は約一〇万である。それが第二五軍と呼ばれ、その軍司令官が山下奉文中将だったのだ。

日本軍は約五十五日かけてマレー半島のイギリス軍を撃破し、ジョホーバルに達した（一九四二年＝昭和十七年一月三十一日）。一時の休息ののち、ジョホーバル水道を越えてシンガポールに渡った。

マレー・シンガポール攻略を指揮した第25軍司令官・山下奉文中将

シンガポールの戦いはブキテマ高地の戦いに象徴されるように、イギリス軍も激しく抵抗したが、激戦最中の二月十五日（一九四二年）、突如、白旗を掲げた軍使が訪れた。日本軍もそろそろ砲弾が払底しそうになっていたころで、戦いは膠着《こうちゃく》しそうだと思っていた矢先の降伏申し入れだった。どうも水源を抑えられて、シンガポール市は水不足に陥っていたらしい。

降伏会見はブキテマ高地の激戦地の一つであったフォード自動車工場で、午後六時半ごろからおこなわれた。英軍からはもちろん総指揮官のアーサー・パーシバル中将が出席し、日本側からは山下中将が座った。

山下は英軍の正式な降伏を要求した。しかし、パーシバルはそれを明言する前に、武装兵一〇〇〇名で市内の治安維持にあたりたいと要求した。山下は、日本軍が武士道精神で守るから治安は大丈夫だと応じるが、パーシバルはなおも英軍武装兵力の保留を要求する。

山下　日本軍は目下攻撃を続けているので、夜に入っても攻撃するようにしている。
パーシバル　夜間攻撃は待ってもらいたい。
山下　話がつかないかぎり攻撃は続ける。
パ　待ってもらいたい。
山下　（前言を繰り返す）
パ　シンガポール市内は混乱するから、一〇〇〇名の武装兵はそのままにしたい。
山下　（池谷大佐に向かい）夜襲の時刻は？
池谷　二十時の予定です。

この席上で山下中将(机の向かい側に座っている左端)がパーシバル中将に、「イエスかノーか」と怒鳴ったというが……

パ　夜襲は困る。
山下　英軍は降伏するつもりなのかどうか?
(しばらくして)
パ　停戦することにしたい。
山下　夜襲の時刻も迫っているが、英軍は降伏するのかどうか。『イエス』か『ノー』かで返事せよ。
パ　『イエス』。一〇〇〇名の武装兵は認めてもらいたい。
山下　(あっさりと)それはよろしい。
杉田　(参謀の一人)武装兵の配置は「当分の間」と了解されたい。別紙にサイン願いたい。

これが防衛庁戦史室著『戦史叢書　マレー進攻作戦』が伝える降伏会見の模様であ

る。これを見るかぎり、山下中将はパーシバル中将に「イエスかノーか」と直接迫ったようである。

ところが、ほとんどこの直後から、日本では、山下将軍はテーブルをドンと叩いて、「降伏するのかしないのか、イエスかノーで答えよ」と語気鋭く怒鳴り、迫ったという話になった。

武勇伝に酔う日本国民の心情と山下の困惑

シンガポール陥落は国民から熱狂と興奮で迎えられた。しかも、イギリスの最高指揮官に「イエスかノーか」と強く迫って、とうとう「イエス」と言わせてしまったという武勇伝に、なおさら国民は興奮し、歓喜した。

なにしろシンガポールは、「東亜における大英帝国最大の牙城《がじょう》」であり、「シンガポールに拠って西南アジアから支那大陸（中国のこと）にまで、侵略と搾取の魔手を伸ばして来た」のであり、また「対日圧迫の牙城」（いずれも引用は『大阪毎日新聞』昭和十七年二月十六日付）でもあったので、山下将軍が「降伏にイエスかノーか」と迫ったという話に、日本人が最大級の興奮を覚えないはずがなかったのである。

引用した『大阪毎日新聞』の社説は「新嘉坡陥落の世界的影響」と題し、「英国はシンガポールに拠って、飽くまで東亜における侵略と搾取の現状維持を念とし、おぞましくも米国はこれと共同戦線を張った」「シンガポールの陥落は疑いもなく世界の歴史を決定したが、それは大和民族の雄図たる大東亜共栄圏の確立と、英帝国の全面的敗退ということであった」と、うわずった雰囲気で、最大限の評価を与えている。

そういうわけだから、シンガポール陥落の「イエスかノーか」はさっそく芝居の題材となり、人々はそれを見て感激を新たにし、興奮したのである。

しかし、果たして山下将軍はそんなにストレートにパーシバル中将にたいして迫ったのだろうか。戦史叢書が伝える限りはそのように考えてもおかしくないが、じつは少し違うのだという話が伝えられている。それは次のような話である。

日本が占領した後、日本はシンガポールを昭南と改名、昭南神社も建立した

「私はあの席にいなかったから伝聞にな

るわけですが、敗軍の将にいたわりこそあれ、怒鳴るようなことは……後日こういうことがあった。山下さんはマレー作戦が終わると、満州（今の中国東北地方）の第一方面軍司令官に転任したんですが、その満州のどこかで、第なん連隊だったか忘れたが、山下さんがかつて連隊長をしたことのある連隊がいてね、山下旧連隊長を囲んで会同をもったんですね。そのとき興に乗じて、シンガポールのパーシバルとの会談の模様を芝居にして演じたらしい。例の『イエスかノーか』の調子でね。そうしたら山下さんは非常に怒ったらしい。『それは事実と違うのだ』ということでね」（朝枝繁春「英国史上最大の降伏　作戦参謀のマレー戦記」『増刊　歴史と人物』昭和五十八年一月　中央公論社）

実際にはどうだったのか。

パーシバル中将は条件はこうこうだと、言い始めてなかなかやめないので、山下中将はいらいらして、条件は後回しだとして、通訳に「降伏するのかしないのか、イエスかノーで聞いてくれ」と言ったという。それが、「イエスかノーか」と怒鳴ったという風に誤り伝えられたというわけである。

しかしながら、伝説というのは恐ろしいものではある。たぶん、伝記作家が怒鳴って「イエスかノーか」と迫ったと書いても、さほど事実を誤り伝えてはいない情況ではあった。それは許される範囲の脚色だったかもしれない。

先に見たように、シンガポールはイギリスの東洋支配の牙城であり、それは中国のみならず日本も被害を被ってきたという意識が強かった時代である。単なる一都市の占領とは色合いが違っていた。

そういう背景を考えると、日本人がことさらにシンガポール陥落に酔いたいとすれば、山下将軍の〝威圧的で堂々たる物言い〟をさらなる酒の肴にしたい気持であったのではなかろうか。

当時は、敗軍の将をいたわるような風情は、軍首脳内部にもほとんどなかった時代である。朝枝参謀のいう「敗軍の将にいたわりこそあれ、怒鳴るようなことは……」ということのほうが、戦後回想の脚色かもしれないのである。

第2話◉シンガポール陥落、喜ばなかったヒトラー

同盟者ヒトラーはシンガポール奪還の援軍を英国に貸したいと語った

日本人をバカにしていたヒトラーの本音

日本は一九四〇（昭和十五）年九月に、日独伊三国同盟を結び、それから約一年二カ月余りのちに英米に戦争を挑んだ。

そして日本陸軍最初の大勝利がシンガポール占領であった。イギリスの勢力を東洋から駆逐したこの日本の勝利は、当然ながらヒトラーにとっては喜ばしいはずだったが、じつはそうでもなかったようなのである。

以下、国際政治史専門家・三宅正樹氏の「ヒトラーと日本」（『歴史と人物』昭和四十八年九月号　中央公論社）によって、紹介しよう。

ヒトラーの側近であり宣伝相だったゲッペルスが日記に書いているところでは、「ヒトラーは、日本の勝利に感嘆する一方で、『白人』が東アジアで蒙った重大な損

失をひどくなげいた」という。

シンガポール島における最大の激戦・ブキテマの戦いに関しても、ヒトラーには逐一情報は入っていたようで、二月十一日（一九四二年）における日本軍の猛攻撃についても知っていた。ヒトラーはこれによってイギリス軍は降伏するかもしれないと思ったらしい。あるいはすでに降伏したと勘違いしたのかもしれない。

「すなわち日本軍がシンガポールのブキテマ高地に最後の猛攻撃をかけていたとき、ヒトラーのもとを訪れたルーマニアの元首イヨン・アントネスクにむかって、自分はいま、『よろこばしいけれども恐らく悲しくもある』報道、すなわち、たったいま入手したシンガポール陥落の報道を知らせる旨を語っている」

ナチス・ドイツの独裁者、アドルフ・ヒトラー

さらに、ヒトラーは別の側近にも似たような、いや「もっとすさまじい」ことを語っている。その側近とは、外交官ウルリヒ・フォン・ハッセルで、のちの一九四四年七月二十日のヒトラー暗殺運動に加担し、処刑された人物だ。ヒトラー

シンガポール最大の激戦となったブキテマ高地の戦い。写真は日本軍部隊

が語った内容はハッセルの遺稿集『もう一つのドイツ』に記されているという。

「ハッセルは、ヒトラーは日本軍の『偉業』にさして感服せず、あの『黄色い奴等』（ゲルベン）をもう一度追いかえすために、ドイツからイギリスに二〇個師団の援軍を送りたい気持だ、と述べた由を伝えている。これは一九四二年三月のことである」

ヒトラーは、日本が米・英との戦争に踏み切る前から日本軍によるシンガポール攻略を要請し続けてきた。東洋での勢力を失えば、ヨーロッパにおけるイギリス軍の戦意も失われると考えたのである。さすがに日本軍部はうかうかとはこの要請には乗らなかったが、時の外相松岡洋右はさかんに陸軍側に働きかけ、シンガポールを取れ取れ、と言い続けた。

どうもヒトラーの日本軍にたいする観察は、シンガポールを日本が取れるほどの戦力はないものの、日本軍の攻撃によってイギリス軍は相当のダメージを受けるはずだ、それだけでも大きなメリットがあるということだったのであろう。あそこまで完全に日本に占領されるとは思ってもみなかったに違いない。

そのことはチャーチル英首相としても同じであったようだ。日本軍がマレーやシンガポールに挑んできたとしても、それはロールスロイスとダットサンの戦いであって、所詮日本軍はイギリス軍の敵ではないという侮りがあったことは事実だ。世界最高級車ロールスロイスに日本国産車ダットサンがかなうわけがない、と。

だからこそ、チャーチルは「シンガポールを失ったことは、英国史上最悪の災害と降伏である」と嘆き悲しんだのだ。シンガポール失陥はチャーチルの想定外であり、それはまたヒトラーの想定外でもあったのである。

ヒトラーは日本人をバカにし、イギリス人を高く評価した

ヒトラーにとって、日本人は文化創造力のない、「ユダヤ人やスラブ人よりはすこしましでも、とうていアーリア人とは同じ水準では論じられない」人種であっ

た。〝アーリア人種ゲルマン民族〟というのが、ドイツ人を称するときのヒトラー独特の人種分類である。しかし、ふつうの人類学ではアーリア人種というものは存在しない。ヒトラーのでっち上げにすぎない。

ともかく、ヒトラーの日本人にたいする評価は低かった。

それにたいして、ヒトラーのイギリス人にたいする評価は高かった。

「ヒトラーの人種論からいえば、ドイツ人と、アングロ・サクソンとしてのイギリス人は、いずれも純粋のアーリア人種に属するものであり、来るべき戦争においては同盟を結ばなければならない。事実、『わが闘争』のこの章では、イギリスとの同盟の必要が強調されている」

いうまでもないが、ヒトラーが書いた『わが闘争』は、ナチスのバイブルである。

ヒトラーは一九三九（昭和十四）年九月一日、ポーランドに侵攻し、イギリスとフランスがドイツに宣戦布告して、第二次世界大戦が始まった。このときヒトラーはフランスとともにイギリスがドイツに宣戦するとは思っていなかったらしく、意外な表情をしたそうである。やがて、ヒトラーはイギリス本土上陸にそなえて、英本土航空攻撃を開始するが、その直前までイギリスにたいして和平を呼びかけている。どこまでも〝同じ人種〟であるイギリス人と同盟したかったらしい。

「(イギリスを敵にまわすことは)ヒトラーの大きな誤算であった。文化的にはドイツより劣っているはずの日本と軍事同盟を結んで、文化的にドイツと対等のはずのイギリスを敵に廻してたたかわねばならなかったことは、ヒトラーの心中に苦いものを感じさせずにおかなかったであろう」

では、日本人はヒトラーが日本人を文化的に低い人種と見ていたことを知っていたのだろうか。

シンガポール市街を示威行進する日本軍

『わが闘争』は戦前、五種類の訳本が出たという。このうち四種類はヒトラーが日本人を低く見てバカにしている部分をわざと訳していないそうだ。九刷三三万四〇〇〇部という、『マインカンプ(原題)』の訳本としては最も売れ行きの良かった室伏高信《むろぶせこうしん》の『我が闘争』(一九四〇年)も、完訳に近い真鍋良一の『吾が闘争』(一九四二年)も「日本批判をふくむアーリア人種至上主義」を大部分削除しているという。

ただ一つ、石川準十郎だけがその訳本『わが闘争』(一九四三年普及版)で「日本人に『文化創造力』なしと断定したヒトラーの人種理論に真正面から対決をいどんだ」という。

不思議なことは、訳本でなくても原典を読む能力のある外務省官僚や高級軍人などが、ヒトラーのこうした「日本批判をふくむアーリア人種至上主義」にたいして不信感も不審感も抱かなかったことである。〝日本人は文化創造力もない〟〝日本人は人種的にもドイツ人より劣っている〟とそのバイブルで誹謗中傷している、そのヒトラー率いるナチス・ドイツと、どんな気持で軍事同盟などを結ぼうと考えたのであろうか。

誰一人として、その部分に関してヒトラーに面と向かって釈明を求めたり、訂正を求めたり、削除を求めたりはしなかったのだろうか。

ヒトラーが、シンガポールを陥落させた〝同盟国日本への感謝〟ではなく、〝敵国イギリスに二〇個師団を援軍に出したい〟などと思わせたのは、そもそもヒトラーとの軍事同盟が間違っていたことを証明するポイントの一つであろう。

第3話◉〝ビルマ人裏切り〟は、謀略機関の宿命だった？

ビルマ独立義勇軍とともにビルマに侵攻した日本軍のホンネとタテマエ

ビルマ独立義勇軍をつくった南機関の謀略

南機関というのは、ビルマ独立義勇軍をつくった日本陸軍の謀略機関である。ビルマとはいうまでもなく現在のミャンマーである。機関長は鈴木敬司《すずきけいじ》大佐。主要な機関員は陸軍中野学校出身者が多かった。中野学校は謀略工作員の養成学校である。

太平洋戦争開始の前年（一九四〇年＝昭和十五年）、イギリスからの独立を図ろうとする活動家（三〇人）をビルマから脱出させ、占領下の海南島《かいなんとう》（現在の中国海南省）、次いで台湾（当時は日本領）玉里で軍隊指揮官としての訓練をおこなった。最大のリーダー格であるアウン・サンは中国福建省の港町厦門《アモイ》で日本軍憲兵によって保護された。厦門は日本軍の占領下にあった。アウン・サンとは、現在ビルマ民主化運動の先頭に立っているスー・チー女史の父親にあたる。

当時はまだ英・米との戦争は決定されていたわけではなく、情勢は流動的だった。南機関の目的は、英・米との戦争になるならないとは無関係に、彼ら独立の志士たちを中心に独立義勇軍をつくり、ビルマに送りこむことだった。

ビルマの独立を助けるためだったのか？

表向きはそうだったが、本当のねらいはビルマに独立運動を起こし、国内を混乱させるのが目的だった。それによって日本が得る最大のメリットは、中国支援の軍需物資がビルマ経由で中国に届かなくなることだった。

ビルマ独立義勇軍の軍司令官をつとめた南機関長・鈴木敬司大佐

日本が中国本土の侵攻を始めてすでに三年半が過ぎようとしていたが、英・米はその初期から中国を支援する一方、日本を経済制裁などで強く牽制していた。軍事的には日本は中国を圧倒しているのに、中国の抗戦意欲がまったく衰えないのは、世界各国から援蔣物資《えんしょうぶっし》（中国指導者、蔣介石《しょうかいせき》を援助する物資）が届くからだ、と日本は考えていた。

その援蔣ルートのうち最大のビルマルートを遮断する方策を発見するのが、鈴木大佐の任務だった。研究の結果、鈴木大佐は、少々迂遠《うえん》だがビルマ独立運動を密かに支援し、ビルマに混乱を巻き起こせば目的を達せられると進言し、それが参謀本部に認められたのだ。こうして南機関が生まれた。

南機関員たちはビルマ独立の志士たちを、「お前たちの独立のためだ、我慢して厳しさに耐えろ」と言いつつ訓練した。独立の志士だけに優秀な人物が多かった。戦後、長くビルマ次いでミャンマーの独裁者として君臨したネ・ウィンなどは、モールス信号をたった一晩でマスターしたという。

当時としては「南機関は日本軍一個旅団（約五〇〇〇人）ぐらいは支援のために使ってよいという計画であった」（南機関ナンバー2・川島威伸の証言・森山康平『証言記録　大東亜共栄圏　ビルマ・インドへの道』新人物往来社）。

ところが時がたつうちに英・米との戦争が避けられなくなり、日本は一九四一（昭和十六）年十二月八日、英・米に宣戦した。南機関はビルマの志士たちをタイのバンコクに移し、ビルマ独立義勇軍を発足させた。鈴木大佐が軍司令官、アウン・サンが参謀長、兵員約二〇〇名である。タイ国などにいたビルマ人を誘ういっぽう、日本人も七四人が参加したという。独立の志士三〇人のうち一人は台北で客死、二人は潜行して密かにビルマに潜入していた。

南機関員の一人泉谷達郎は著書『その名は南謀略機関』のなかで次のように書いている。

「私は独立の志士たち二七名と二〇〇人ばかりのビルマ人志願兵たちが、彼らの古い儀式にのっとって『腕の血をすすって』ビルマ独立のための忠誠を誓い、互いに同志となることを宣誓する場面を見て感動した」

たちまち衝突した南機関とビルマ攻略軍

日本陸軍が南方（現在の東南アジアを指す言葉。当時は東南アジアという言葉はなかった）の英・米・蘭の植民地を奪う作戦は南方作戦と呼ばれた。そのために四個軍が編成され、第二五軍がマレー・シンガポールを、第一四軍がフィリピンを、第一六軍が蘭印《らんいん》（オランダ領東インド、今のインドネシア）を攻略することになった。第一五軍というのも編成され、ビルマを攻略することになったが、マレー・シンガポール、フィリピン、次いで蘭印という順序でおこない、兵力に余裕ができたらビルマにも侵攻するというてはずだった。ビルマ攻略はその戦況を見てからということになった。

もともとビルマには日本が欲しかった鉱物資源はあまりなく、米《こめ》ぐらいが多くとれる産物といえば産物だったので、日本はあまり急がなかったのだ。

ところが、マレー・シンガポールが意外に早く片付き、問題はあったもののフィリピンもマニラ陥落で一応の決着がついた。南方作戦は意外にも〝順調〟に進んだのである。

そういうわけで、急遽、当初の予定どおり、第一五軍がタイ国境を越えてテナセリウム（今のタニンダイー）を西進し、モールメン（今のモーラミャイン）を経てラングーン（今のヤンゴン）をめざすことになった。それに従う形でビルマ独立義勇軍も進撃を開始した。

なにしろ、独立義勇軍である。道々、志願兵が続々と入隊した。日本軍とともにモールメンに入ったのは一月三十日（一九四二年）。ところが、占領した日本軍（第五五師団）は、義勇軍の独立政権申し入れを拒否した。当然であったろう。日本軍はビルマ独立のために進撃してきたわけではなかったからである。日本軍による軍政がしかれ、義勇軍が入りこむ余地はまったくなかった。

南機関は、義勇軍に最初の空手形を切ったことを思い知らされた。

ラングーン（今のヤンゴン）のイギリス総督府前でバンザイする日本軍

次いでラングーンが陥落した（一九四二年＝昭和十七年三月八日）。義勇軍はすでに一万二〇〇〇人ほどの兵力となっていた。ラングーンに入った日本軍将兵は、〝ビルマ解放のために〟やってきてくれたと信じていたビルマ人の、厚いもてなしを受けた。

首都に入ったからにはいよいよビルマ独立を達成できると勢いこんでいた義勇軍はここでも完全な煮え湯を飲まされた。イギリス政庁が入っていたビルは完全に日本軍に占拠され、義勇軍が入る余地はなかった。

じつは、南機関員もラングーンでこそは、独立宣言をさせてもらえると思っていた。ところがまったく思惑が外れた。結果

馬上の日本軍将校を歓呼して迎えるビルマ独立義勇軍

的には南機関は義勇軍を、そしてビルマ人を裏切ったことになった。義勇軍の落胆はさらに大きく、動揺が広がった。

　メンツを失った鈴木機関長は思い余ってか、〝いよいよ義勇軍が反乱でも起こすほど動揺したら、お前たちも彼らについて行け。日本の討伐隊がやってきたら、お前たち日本軍将校は最前列で撃たれろ。そうすれば軍への反逆にもならぬし、ビルマ人への義理も立つ〟という意味の指示を出したそうだ。

　そして同時に、義勇軍の指導者にたいしては、「お前たちが反乱を起こすならそれもよい。もし反乱するなら、まず俺を殺していけ。それを軍刀をつきつけて言うわけです。そして、独立というのは他人が認め

ラングーン市街を行進するビルマ独立義勇軍

るとか認めないとかは必要ないじゃないか」(前出『証言記録・大東亜共栄圏』)と言ったという。

窮地に追いこまれた鈴木機関長の一種の腹芸《はらげい》であった。

気迫に呑まれたか、独立には実力不足であることを悟ったか、義勇軍は再度煮え湯を飲まされたが、他日を期す決定を下した。

その後の歴史は、大東亜共栄圏内の一国として、形ばかりの独立が〝許された〟のが一九四三(昭和十八)年八月。義勇軍はビルマ防衛軍となったが、そのビルマ軍が日本軍への反乱を起こしたのは一九四五(昭和二十)年三月二十七日だった。

最近(二〇〇七年春)ミャンマーでは首都

をヤンゴンからネピドーへ移した。その新首都で、三月二十七日、国軍記念日の式典が催されたというニュースが報じられた（〇七年三月二十八日付『読売新聞』）。〝ビルマ防衛軍〟が六十二年前に、日本軍に反旗をひるがえした日が、今でも彼らの国軍記念日として生き続けているのである。

第4話◉見抜けなかった九竜半島大要塞のまぼろし

香港攻略をめざした日本軍は九竜半島の大要塞群破壊に腐心したが……

日本軍は大要塞群破壊へ万全の準備でのぞんだ

香港は、歴史に悪名高いアヘン戦争（一八四〇年）の結果、清王朝から割譲《かつじょう》させたイギリス領だった。太平洋戦争の開始とともに、日本軍は香港攻略を始めた。そのためにすでに香港の対岸にある広東を占領していた第三八師団を主力とした部隊が、九竜半島を越えて香港島に上陸することになった。

第三八師団とともに、九竜半島攻略の一翼を担おうとしていたのが、第一砲兵隊という大砲だけを集めた部隊である。当時の日本軍としては珍しくも大小一八五門という多数の大砲をそろえていた。九竜半島にはイギリス軍がつくった大要塞群があると信じられていたからである。

ところが、いざ戦いを挑んでみたら、大要塞群というほどのものはまったくなかった。それどころか、斥候《せっこう》（偵察）として派遣された第三八師団の一個中隊（二〇〇人規模）が、ほとんど独断で最重要と考えられていた要塞に突入し、あっさりと占領して日章旗を翻した。中隊長若林東一《わかばやしとういち》中尉は軍内でたちまち有名となり、九竜要塞は若林中尉が単独占領したという、いわゆる〝若林神話〟を生んだのだった（赤坂幸春「香港攻略秘話　〝若林神話〟の創生」『増刊　歴史と人物』昭和五十八年一月中央公論社）。

若林東一中隊長とその母親。写真は少尉任官時。彼を主人公にした映画も作られたが、のちにガダルカナル島の攻防戦で戦死した

あまりにもあっけない話ではあったが、ではいったい、なぜ、九竜要塞の情報が信じられていたのだろうか。

香港攻略部隊にくまなく配布されていた九竜要塞の情報地図は一九三九（昭和十四）年八月に参謀本部で作成された「香港近傍防御施設図」（二万五〇〇〇分の一）だったという。

「そこに印刷された特火点の数は、九竜半島側に一五五個、香港島に八〇個の多きに

のぼった」（防衛庁戦史室『戦史叢書　香港・長沙作戦』朝雲新聞社）

特火点というのは大きな大砲が据えられている地点というほどの意味である。香港攻略戦はこの地図を頼りにして準備されてきた。その最大の準備が第一砲兵隊という特別な部隊の編成であり、要塞群を破壊する大砲が続々と集中されたのである。

しかも、一九四〇（昭和十五）年七月には攻略する計画であったという。このとき日本は日中戦争を始めて三年がたっており、もちろん広東も占領していたのである。

こういう計画が立てられたのも、イギリスを攻撃してもアメリカは黙っているに違いないと甘く見ていたからである。ところがいよいよ決行する段階になると、やはりイギリスを攻撃すればアメリカは黙っていまい、必ずやイギリスに加勢して日本を攻撃することになるという判断が働き、中止された。英・米両国相手では日本軍には勝ち目はないという判断が当時はまだあったわけである。

それから一年余りのち、日本は英・米両国に宣戦してしまい、ようやく香港攻略が現実となった。

ところが、ここでちょっと奇妙な情報が流れた。大規模な大砲部隊を用意して九竜要塞を破壊する準備はしているが、実際にはそういう大要塞群は存在しないのではないかという情報がもたらされたのである。開戦直前の約一カ月余り前という。

大砲部隊長・北島《きたじま》驥子雄《きねお》中将の疑念と確認

九竜要塞は本当にあるのか。そういう疑念を最初に抱いたのは、九竜要塞破壊を目的とした第一砲兵隊司令官・北島驥子雄中将その人だった。

それは、あるとき起こった国境紛争解決のため現地を訪れたとき、地図ではそこにあるべきトーチカや鉄条網がまったく見当たらなかったからという。

第1砲兵隊司令官・北島驥子雄中将

北島中将は中国人の密偵（スパイ）を、九回も九竜半島や香港に放って、要塞確認にあたらせたが、まったく真相に迫ることはできなかった。

「ところが十月（昭和十六年）下旬、北島中将はかねて懇意にしていた英軍情報参謀ボクサー少佐（語学将校として留日の経歴をもち日本語にも堪能で、北島中将と

香港島の要塞

は国境で種々の交渉を重ねるうちに親しくなっていった）と交渉が成立し、第一砲兵隊情報部員・西山勝少佐が帰国みやげにと、香港島および九竜半島を遊覧旅行する機会を得た。

西山少佐は実視の結果、『荃《セン》湾や城門川方面のトーチカは、情報図のようには沢山無く、おそらく総数においてはその半分くらいであろう。また家屋、墓地、岩石等に偽装されたトーチカが各所にある。九竜半島内の道路、橋梁は点々破壊設備がしてあるが、全橋梁を中央管制で一挙に破壊できるという密偵報は誤りである』と報告した」（前出『戦史叢書　香港・長沙作戦』）

それにしても、開戦直前に日本軍将校の遊覧旅行をイギリス軍がよくも許したもの

香港に敵前上陸する日本軍

だと感心もし、疑問にも思うが、イギリスにはイギリス特有の〝事情〟があったようである。

当時は英・米と日本は極度に緊張した状態にあった。そして香港の軍備もそれなりに日本軍の侵攻に備えていたらしい。

しかしながら、結局のところ、イギリス側は日本軍との戦争をあまり現実的なものとは考えていなかった、ということらしい。もちろん、日本軍が攻めてくるわけではない、とは思っていなかった。攻めては来るだろうが、我々に勝てるわけがないと、バカにしきっていたようなのだ。

英公刊戦史はいう。

「(一九四一年)十一月初旬、在香港英軍司令部は、『南支那(広東などをふくむ中国南

香港を占領、入城する陸軍の第23軍司令官・酒井隆中将（馬上で敬礼している）と海軍の第２遣支艦隊司令長官（馬上左端）

部　引用者）における日本陸軍の活動は活発化し、十日には戦車、装甲車が国境近くに到着した』との情報を入手した。

　また、日本軍の素質に関する情報は次のとおりであった。

　日本軍は夜間戦闘に慣熟《かんじゅく》せず、常に一定の形式と計画を墨守《ぼくしゅ》し、また自動火器の数、新しさは英軍に遠く及ばない。支那戦線（中国戦線　引用者）における日本軍作戦の成功は、支那側（中国側　引用者）の粗末な抵抗によるものである。また日本空軍は欧州のレベルより劣等で、その爆撃能力は貧弱であり、夜間飛行はほとんど実施されない。

　十一月中旬（香港に）到着したカナダ軍将校たちも、英人将校からこのように教育された。その英人将校たちは、国境対岸の日本軍が非常にわずかな装備しかもたない劣等装備の約五〇〇〇人で、これらは夜間戦闘はせず、その飛行機は大部分が旧式で、操縦士は近眼のため急降下爆撃は実行できないと告げられていたのである。また兵隊や民間の間では、香港は難攻不落であると公言されていて、この暢気《のんき》で馬鹿げた前提（先入観）を反駁することは困難であった云々」（前出『戦史叢書　香港・長沙作戦』から引用）

こうみてくると、英軍側は日本軍の能力をみくびって偽の九竜要塞群情報を、日本側に何らかの方法で流したのであろう。

それを日本軍は開戦直前に見破ってはいたが、すでに時間がなく、全面的に真実情報にもとづく作戦の練り直しはおこなわれなかったのであろう。

第一砲兵隊は一発も大砲を撃つことはなかったが、それは撃つ必要がないことを知ってのうえでの沈黙だったのかもしれない。若林神話の背景も探ってみればなかなか興味深い問題が浮き上がってくる。

第5話◉「同盟国ドイツ・イタリア」との共同作戦は実現に至らず

北アフリカ作戦の進展にともなう日本海軍のインド洋制圧作戦とは？

明暗を分けた枢軸国と連合国の作戦

日本は日独伊三国同盟を結んでおり協力関係にあった。日独伊は枢軸国《すうじくこく》陣営と呼ばれ、英・米・中国・ソ連側など反枢軸国陣営は連合国と呼ばれていた。

両陣営の決定的な違いは、連合国が米・英を軸に共同作戦を推進したのにたいして、枢軸国はほとんど共同作戦をとらなかったという点である。

もともと、ヒトラーはムッソリーニにまったく相談なしにポーランド侵攻を開始して第二次世界大戦のきっかけをつくった。さらにフランスなど西ヨーロッパ諸国を侵攻するにあたってもムッソリーニには事前に連絡さえもしなかった。ムッソリーニがフランスの分け前に与ろうと、フランスに宣戦したのは、フランス降伏直前である。

日本が枢軸国陣営に加わったのは、ヒトラーが西ヨーロッパ（ノルウェー、デンマーク、ベルギー、ルクセンブルク、オランダ、フランス）を制圧し、イギリス上陸作戦のためのロンドン空襲をおこなっている最中だった（一九四〇年九月二十七日）。ムッソリーニに至っては、ヒトラーのあまりの独断専行に怒って、ギリシャを突然攻撃した（一九四〇年十月二十八日）。戦争の大義名分はまったくなく、単にヒトラーに受けた屈辱感を晴らすためである。もっとも、ギリシャに逆に反撃され、ヒトラーの助けを求めざるを得なくなったのだが。

要するに、枢軸国陣営とはいえ、日独伊が自分たちの欲しい地域を、勝手に侵略していたに過ぎず、そのこと自体を日独伊は互いに干渉しないという程度の同盟だったにすぎない。

それでも非常に具体的な日独伊共同作戦が構想されたことがあった。それは独伊が、ロンメル将軍の指揮のもと、北アフリカのエル・アラメインを経て、カイロに迫ろうとする作戦を進めていた時期、ドイツとイタリアの要請に応じて、日本の連合艦隊がそれに協力する作戦案をつくったのである。

この作戦構想は、連合艦隊司令部と軍令部との間で、ほとんどまとまりかけていたが、ある事情で流れてしまった。ある事情とは、連合軍のガダルカナル島上陸

（一九四二年八月七日）だった。

インド洋チャゴス群島の占領計画

とりあえず、連合艦隊がまとめた作戦の骨子を見てみよう。

第一案　高速戦艦（「金剛《こんごう》」「榛名《はるな》」）と重巡洋艦（「愛宕《あたご》」「摩耶《まや》」「高雄《たかお》」）などからなる第二艦隊と、空母機動部隊（「翔鶴《しょうかく》」「瑞鶴《ずいかく》」「隼鷹《じゅんよう》」などの空母と高速戦艦「比叡《ひえい》」「霧島《きりしま》」や高速巡洋艦「熊野《くまの》」「鈴谷《すずや》」「最上《もがみ》」「利根《とね》」「筑摩《ちくま》」など）がインド洋チャゴス群島を占領し、飛行艇や水上偵察機をアフリカ東海岸方面に進出させる。チャゴス占領のあと、さらに西進してセーシェル群島を占領し、基地を獲得する。

第二案　南アフリカ方面に潜水艦を注ぎ、これに呼応して第三艦隊が進出して、マダガスカル島南方海域で作戦し、連合軍の海上交通破壊戦をおこなう。

第三艦隊の帰途、第二艦隊がチャゴス群島を占領して、第三艦隊を収容する。

第三案　第二・第三艦隊（空母機動部隊）は、主としてオーストラリア西方海域に移動する。マダガスカル島方面のアフリカ東岸の海上交通破壊は潜水艦がおこなう。

ここでいうチャゴス群島は環礁で、インド南端から一六〇〇キロ、アフリカ・東南アジア・オーストラリアからほぼ等距離にある。セーシェル群島はマダガスカル島北端から北北東一三〇〇キロにある。

要するに、インド洋の環礁に航空基地を求め、喜望峰回りでスエズ運河を通りエジプトの英軍に補給する輸送船団を攻撃するというのが、この作戦の眼目だった。

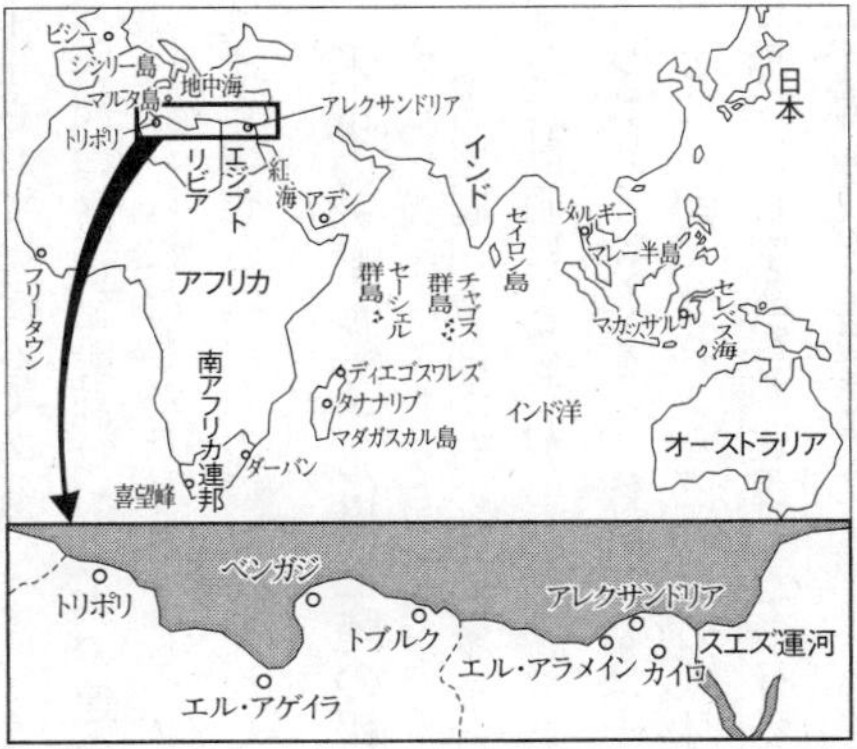

連合軍は当時、ドイツ軍の勢力がかなり強く、地中海を輸送航路に使える状態ではなかったからである。

日本海軍はミッドウェー海戦敗北のあと、空母主体の機動部隊を第三艦隊として編成しなおしたが（一九四二年＝昭和十七年七月十四日）、とりあえずは空母部隊が出ていくような差し迫った戦場はなかった。

予定ではミッドウェー作戦のあと南太平洋のフィジー・サモア諸島を占領するＦＳ作戦をおこなうつもりだった。しかし、ミッドウエーで空母四隻が沈没したので、その作戦も中止されていたのである。

チャゴス占領計画は、日本の連合艦隊にとっては作戦の一種の空白状態において、つくられたものである。ドイツやイタリアに是非とも勝たしたいという強い願望から構想されたものではなかった。

米軍のガダルカナル島上陸の報に、あっさり中止

連合艦隊司令部が右の作戦案を軍令部に説明したのが八月四日（一九四二年）である。計画によると、第三艦隊や第二艦隊は九月中旬に日本内地を出港、九月末にシンガポールに着き、作戦開始は十月初旬からとなっていた。

ところが、それから三日後の八月七日、アメリカ軍はガダルカナル島を襲った。ガ島には日本海軍が建設した飛行場が完成したばかりだった。それに合わせるように米軍は上陸してきたのだ。

そのガダルカナル島における戦いが容易ならざるものであると認識されたのは、九月に入ってからである。インド洋で作戦するために空母部隊などが内地を出港する直前であった。

もともと、ガダルカナル島の飛行場は日本海軍が造成したもので、日本陸軍は与《あずか》

トリポリに上陸したナチス・ドイツ軍の戦車部隊

り知らない前線だった。参謀本部の作戦課長・服部卓四郎大佐は戦後の回想で、ガダルカナル島とは初めて聞く島でどこにあるかも知らなかったと書いている。
それが海軍に頼まれて送りこんだ陸軍部隊が、ことごとく破られて、アメリカ軍がいかに強いかがわかりかけてきた。当時の日本陸海軍は、アメリカ軍の本格的な反攻は一年先であると見通していたが、このガダルカナル島への上陸が本格反攻の第一歩だと認めざるを得ない情況となった。
こうなれば、のこのことインド洋にでかけてドイツ・イタリア軍のお手伝いをしている場合ではなくなった。
こういう次第で、初の日独伊共同作戦は日の目を見ることはなかったのである。

トブルクの戦場

その後の北アフリカ戦線の情況はどうなったか。
「われわれの敵は非常に勇敢で巧妙であり、戦塵のさなかにあっても、偉大な将軍とよびたい」と、チャーチル首相が絶賛したロンメル元帥の戦車部隊は、エル・アラメインを攻撃し、カイロへの進出をはかった。が、イギリス軍もアメリカから供与を受けたシャーマン戦車を先頭に必死で追いかえす戦いがつづいた。
戦局は一進一退の激戦となったが、慎重すぎるとして解任されたオーキンレック将軍の後を受けたアレキサンダー将軍の指揮が、最後には功を奏した。
十一月一日（一九四二年）に始まったスーパーチャージ（大進撃）では英軍は約八

〇〇両の戦車で進撃、対するロンメルのドイツ軍はすでに一五〇両しか持っていなかった。ロンメル軍は後退を余儀なくされた。

しかも、この直後の十一月八日、アメリカ軍がモロッコのカサブランカ、アルジェリアのアルジェ、オランに上陸した。兵力約一〇万である。

東西から連合軍の強圧を受けて、さしものロンメルも退却一方となり、翌年（一九四三年）一月下旬、ドイツ軍最大の補給港トリポリが陥落、四月、ロンメルはチュニジアに至り、アフリカから去った。

共同作戦の利は連合軍に味方した。ロンメルが去ったころ、日本軍はガダルカナル島から完全に撤退していたのである。

（参考文献　野村実「幻の日独伊提携作戦」『歴史と人物』昭和五十五年八月　中央公論社／池田清・序　太平洋戦争研究会著『図説　第二次世界大戦』河出書房新社）

第３章

戦局反転をめぐる謎

小沢艦隊を攻撃するため空母「バンカー・ヒル」から
発艦しようとする艦上爆撃機ＳＢ２Ｃヘルバイダー

第1話◉〝運命の五分間〟はあったか、なかったか

空母四隻沈没！　ミッドウェー海戦の真の敗因はどこにある？

運命を分けた空母四隻の沈没

「（日本時間一九四二年六月五日）午前七時二十分、（空母）赤城の司令部から、『第二次攻撃隊、準備出来次第発艦せよ』

との信号命令が下達《かたつ》された。

赤城では、全機出発位置に竝《なら》んで、発動機はすでに起動している。母艦は風に立ち始めた（飛行機が離陸しやすいように、空母が向かい風に向かってスピードをあげること　引用者）。あと五分で攻撃隊全機の発進は了《おわ》るのである。

噫《ああ》、運命の五分間！

当時、視界は良好であった。しかし雲は次第に増して来ている。雲の高さは三千米《メートル》、雲量は七位で、ところどころに、雲の切れ目はあるが、上空の見張りは充分

きかなかった。見張りに従事する人々は、電波探信儀《でんぱたんしんぎ》が欲しいなァと、痛感したであろう。

午前七時二十四分。

艦橋《かんきょう》から『発艦始め』の号令が、伝声管で伝えられた。飛行長は、白旗を振った。

飛行甲板に竝べてあった戦闘機の第一機が、ブーッと飛び上がった。

その瞬間であった。突如！

『急降下！』

と見張りが叫んだ。

私は振り仰いだ。真黒な急降下爆撃機が三機、赤城に向かって逆落《さかお》としに、突込んできた。

『しまった！　これはいかん！』

と直感した。全くの奇襲であった」（淵田美津雄・奥宮正武『ミッドウェー』昭和二十六年三月発行　日本出版協同）

著者の淵田は飛行機部隊の総指揮官、奥宮はこの作戦にかかわった航空参謀の一人である。

いずれにしても、右のような次第で、ミッドウェー海戦は出撃空母四隻（「赤城《あかぎ》」「加賀《かが》」「蒼龍《そうりゅう》」「飛龍《ひりゅう》」）がすべて沈没するという完敗を喫してしまった。当時の日本海軍には大がかりな作戦に使用できる大型空母はこの四隻を含めて六隻しかなかったから、これら四隻を失ったということは、たんなる海戦の敗北という以上に重大で、太平洋戦争が敗勢に傾くきっかけとなった。

敗北の直接的な原因は、右に記されているように、運命の五分間にあり、もうあと五分早く発艦できていれば、あれほどの惨めな負け方はしなかっただろう、いやひょっとしたら勝利をおさめていたかもしれないとまで言われる。

では果たして、本当に運命の五分間であったのか、運命の五分間はあったのか？という疑問を提出したのが、ノンフィクション作家の澤地久枝氏である。

もともと〝運命の五分間〟を日本側が有利に活用できなかったのは、〝兵装転換《へいそうてんかん》〟に時間をとられすぎて、もう少し早く発艦できるところを、遅れてしまったということである。

兵装転換とは何か。

ミッドウェー作戦はミッドウェー島を攻略してそこに陸軍部隊を上陸させる作戦だった。その途中でアメリカ空母艦隊が反撃してきたら、これ幸いとばかりに米空

ミッドウェー島攻撃に向けて発艦する航空部隊

母をやっつけてしまう、という構想だった。

ところが、真珠湾以来、アメリカ空母と戦ったのは約一カ月前におこなわれた珊瑚《さんご》海海《かいかい》戦《せん》だけで、この時は空母「瑞鶴《ずいかく》」「翔鶴《しょうかく》」の二隻が出撃し、米空母二隻を沈没させたと思いこんでいた(実際には一隻)。そういうこともあって、アメリカ海軍は怖がって、たとえ日本空母部隊がミッドウェー島に近寄っても、残念ながら出撃してはこないだろう、とたかをくくっていたのである。願わくばアメリカ空母よ出てきてくれ、というような雰囲気で出撃したという。

さて、第一次のミッドウェー航空攻撃隊から第二次の航空攻撃を加える必要があるという電信を受けて、アメリカ空母が出現するという万一に備えて空母攻撃用の魚雷や爆弾を積んでいた飛行機の兵装を、ミッドウェー島基地攻撃用の爆弾に転換させた。これが第一回目の兵装転換である。

ところがそれからしばらくして、偵察機がアメリカ空母を発見したと通報してきた。出てこないだろうと思っていた米空母がやっと現れたのである。そこで司令部は、その空母を攻撃する作戦に切り替え、陸上攻撃用の爆弾から魚雷や艦船攻撃用の爆弾に積み替えるように命令した。それが二回目の兵装転換である。

結局、この第二回目の兵装転換に時間を空費し、出撃準備はととのったものの、時間切れでアメリカ機の急降下爆撃機の奇襲を受けたというわけである。それがあと五分早く準備が整っていたらなあ、という思いが〝運命の五分間〟と言わしめたのだ。

ところが、ノンフィクション作家の澤地久枝氏は戦闘詳報やその他の文献をもとに、すでに空母攻撃用の兵装転換はできていたのではないか、と問題提起したわけである。その根拠の一つとして、第一回目の兵装転換命令から第二回目の兵装転換までは余り時間がたっていない点をあげている。

「兵装転換が敗因ではない？」

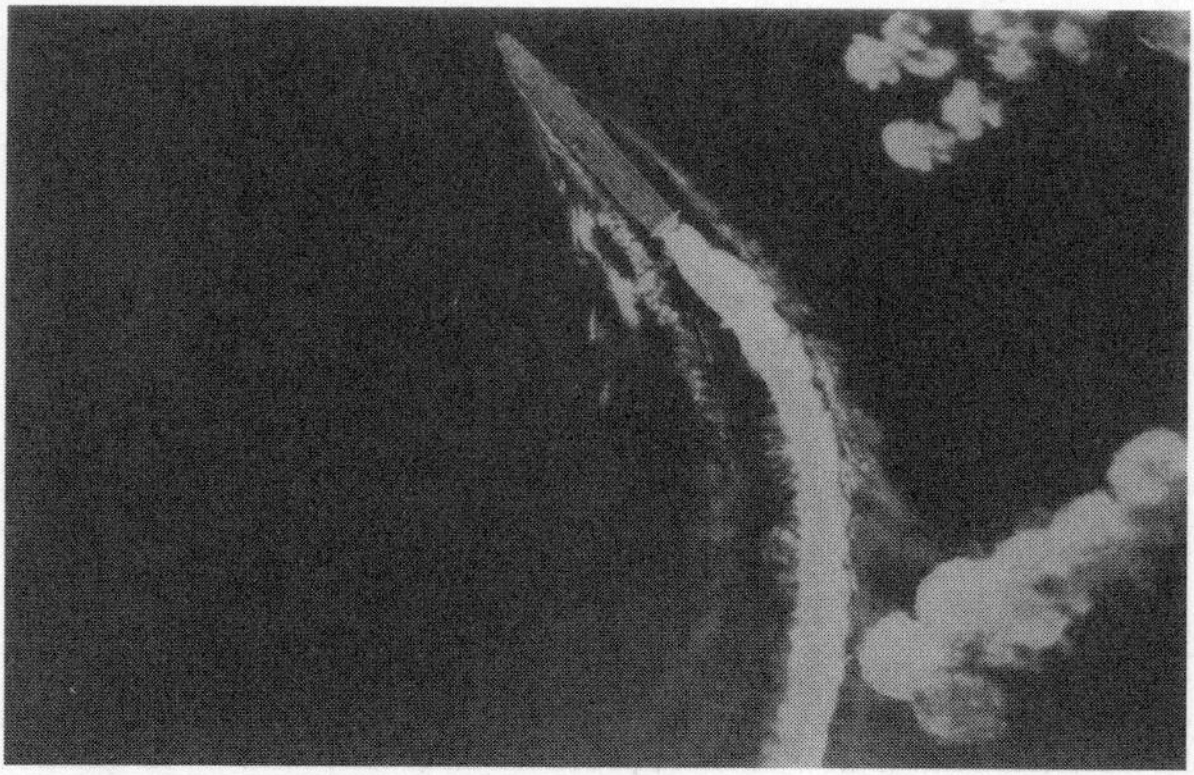

アメリカの航空攻撃を回避する空母「赤城」

その点を「徹底討論〝運命の五分間〟はなかった」（『歴史と人物』増刊「証言・太平洋戦争」特集号所収　昭和五十九年九月　中央公論社）から、さわりの部分を引用しよう。カッコ内は引用者の注である

「**澤地**　……〇四〇〇に友永機（ミッドウェー島にたいする第一次攻撃隊長友永丈市《ともながじょういち》大尉が乗っていた機）から『第二次攻撃隊ノ要アリ』という電報がくる。ところが数分後に米基地（ミッドウェー）空軍の攻撃がはじまって、赤城は急角度で回避運動をやりながら、〇四一五に『第二次攻撃隊本日実施』、つまり予令どおりにやる（〇二二〇に出されていた）、という命令が下る……。

奥宮（正武。ミッドウェー海戦時の航空参謀の一人）『本日実施』で切ってしまっては

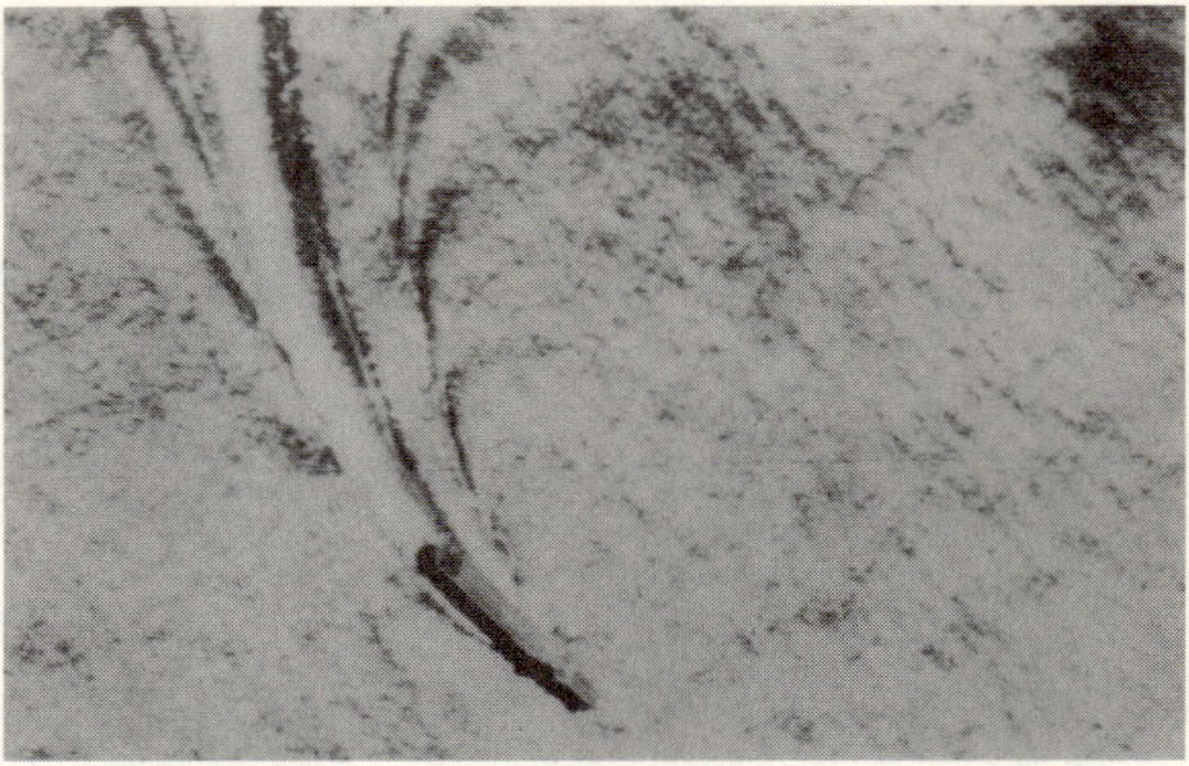
攻撃を回避する空母「加賀」だったが、最初に被弾、沈没した

駄目ですよ。その次を読まなきゃ。

澤地　『待機攻撃機爆装ニ換ヘ』となっています（ミッドウェー島攻撃用の爆弾装備の意味）。ところが、〇四二八に利根四号機（重巡洋艦利根から発進した索敵機の一機）から『敵ラシキモノ一〇隻見ユ』電がとびこんでくる。そこで〇四四五に『敵艦隊攻撃準備、攻撃機雷装其ノ儘』という命令が下りる。〇四一五から〇四四五まで、三十分しかたっていません。

秦（郁彦。現代史家）訓練でも二時間近くかかる兵装転換だから、三十分ではあまり爆装《ばくそう》は進展せず、ほとんど雷装《らいそう》のままということになりませんか。

澤地　そうです。大部分はまだ魚雷を抱えているのではないか、と。よく言われてい

空母「飛龍」航空部隊によって攻撃され、傾いた「ヨークタウン」。総員退去、洋上に放棄されたが、日本軍潜水艦により撃沈

る魚雷→爆弾→魚雷という三ステップの定説が、時間的におかしくなるのじゃないでしょうか、ということです。

秦　つまり、その気ならすぐ雷撃隊を出せたはずだと？

奥宮　しかし、そのときは、直衛《ちょくえい》戦闘機が上空に出ていて直衛（直接護衛の意味）につけてやるのがいないから、駄目なんですよ。

澤地　それはわかります。でも、この兵装転換の混乱が〝運命の五分間〟の遅れとなったという定説は、成立しないんじゃないか、ということです」

このあとの討論では、護衛の戦闘機をつけてやりたかったので、そのミッドウェー島への第一次攻撃隊の飛行機収容に時間が

朝日新聞

東太平洋の敵根據地を强襲

ミッドウエー沖に大海戰
アリユーシャン列島猛攻
陸軍部隊も協力要所を奪取

米空母二隻（エンタープライズ、ホーネット）撃沈
わが二空母、一巡艦に損害

太平洋の戰局此一戰に決す

米、攻防の戰略基點
北方侵略線遂に崩る

米海軍の至寶
撃沈兩空母の性能

ミッドウェー海戦は完敗だったが、大本営は勝利したようにウソの発表をおこない、新聞もそのとおりに報じた。1942年６月11日付『朝日新聞』

かかったことなどが体験者から証言されたりしている。収容した飛行機のなかには戦闘機もかなりはいっており、それらも収容したあと出撃にまわせるものはまわすという考えであったようだ。

それでも澤地氏は、「赤城」被爆まで二時間半もあったのに発進できなかったのはおかしいと食い下がっている。

それにたいして出席者からは、空母「蒼龍」「飛龍」二隻を指揮していた山口《やまぐち》多聞《たもん》少将から、「すぐ攻撃隊を出すべきだ」という進言のとおりにすればよかったかもしれないという感想が述べられている。「すぐ出すべきだ」とは、陸上用爆装のまま、あるいは戦闘機なしでも、という意味である。

そこで、澤地氏は、

「繰り返しますが、兵装転換問題が命取りになった、といままで言われてきた定説は崩れるわけですね」

とたたみかけた。しかし、奥宮氏は、

「そうも思いませんがね（笑）。戦闘中には、冷静な時にはちょっと考えられないことが起こるものなんですよ」

といなして、〝決着〟は先送りされている。

このときの航空作戦を実質的に仕切っていたのは、真珠湾奇襲以来の航空参謀源《げん》田実《だみのる》中佐だったが、氏は著書『海軍航空隊始末記』なかで、「結局は攻撃を後回しにして、ミッドウェー攻撃隊を収容したのであるが、やっぱりこれは、攻撃隊発進を先にすべきであった」と、悔しそうに結論している。

第2話◉覚悟の〝自殺行〟だったか、山本五十六の撃墜死

山本連合艦隊司令長官は、護衛機の増加を頑《かたく》なに許さなかった……

「戦闘機の護衛は六機だけにせよ」

開戦以来の連合艦隊司令長官・山本五十六大将が、アメリカ軍の戦闘機に撃墜され、戦死したのは一九四三（昭和十八）年四月十八日だった。

山本長官は、四月七日から十六日にかけておこなわれた「い」号作戦という航空攻撃を、ラバウルで直接指揮をとった。戦果があがったと確信したので、四月十八日午前六時、前線の航空基地を慰労を兼ねて視察するためにラバウルを発ち、ブーゲンビル島ブインへ向かったのである。

乗りこんだ一式陸上攻撃機は、当時海軍の代表的な中型爆撃機兼雷撃機であった。参謀長宇垣纏《うがきまとめ》中将は別の一式陸攻に乗りこみ、同行した。護衛の零式艦上戦闘機（ゼロ戦）は六機だった。

出撃する搭乗員を見送る連合艦隊司令長官・山本五十六大将。ラバウルで

ところが、同じ日の午前五時二十五分、ミッチェル少佐指揮の一六機のロッキード・P38ライトニング戦闘機が、ガダルカナル島のヘンダーソン基地を出撃した。

山本の前線視察の日程は、暗号解読により完全に読まれていた。時間に正確な山本の性格を理解していた〝山本狩猟隊〟は、解読した時間どおりに、最初の目的地であるブインに到着する直前の山本長官機を発見し、攻撃した。六機の護衛機も応戦したが、空戦そのものはあっけないほど短時間で終わった。長官機も参謀長機も黒煙を吐いてジャングルに墜落していった。

地上で見ていた海軍関係者はジャングル内に分け入り長官機を発見し、戦死を確認した。参謀長機も墜落したが、宇垣参謀長

ラバウルでの山本大将は帽子を振って出撃機を見送った

は重傷を負いながらも生還できた。

山本長官の部下たちが、「あるいは」と危惧していたことが現実となった。

どんな危惧があったのか。

一つは、山本の視察日程が細かく視察地の部隊に電報されていたことである。視察地の一つショートランド島にいた第一一航空戦隊司令官城島《じょうしま》高次《こうじ》少将は、いくら暗号でも長官の行動予定が長文で打たれたことを心配し、出発前日の十七日に、わざわざラバウルまで飛んできて、「長官、危険ですからやめてください」と強く進言した。米軍による暗号解読を恐れていたのである。

しかし山本長官は、「いや、もうあちこちに通知したし、みんな用意して待ってい

山本大将乗機を襲った戦闘機と同型のロッキードP38ライトニング

るから行ってくるよ」とこともなげに言った。

もう一つの危惧は、護衛の戦闘機が六機と少なかったことである。これは山本長官直々のお達しであった。心配した第二〇四航空隊（戦闘航空隊）司令杉本丑衛大佐が、せめて二〇機の護衛をつけるように進言した。すると山本長官は、「大切な飛行機をたかが護衛のために、そんなに飛ばす必要はない」と退けた。

こういう危惧のなか、視察は強行されたのである。ひょっとすると山本長官は死を覚悟しての旅立ちではなかったかと、今でもささやかれている背景である。

山本長官は、ラバウルのはるか西北のトラック環礁泊地の戦艦「武蔵《むさし》」に長官旗を掲げて指揮していた。それを、飛行機でラバウルに飛来し、航空作戦を指揮したわけである。山本戦死のあと、武蔵の長官室からは、「天皇《すめらぎ》のみ盾とちかふま心はとどめおかまし命死ぬとも」と書かれた遺詠が見つかった。なにやら、死に場所を求めているような心境が伝わってきそうな雰囲気の遺詠ではある。

山本長官は死に場所を求めていたのでは？

なぜ、山本長官が死に場所を求めていたのではないか、という推察を許すのだろうか。

それは、この段階では山本は戦局にほとんど希望を失っていただろう、と思われるからである。もともと、アメリカとの開戦に猛反対だったにもかかわらず、連合艦隊司令長官として戦いの先頭に立たなければならなかった山本の苦悩は深かった。

現役軍人でありながら山本ほど、戦前、アメリカと戦争などすべきではないと、はっきりと上司に向かって言い続けた者はいない。山本はただの現役軍人ではない。連合艦隊司令長官という、戦争になれば全艦隊・全航空部隊を指揮する立場だった。にもかかわらず、こんな成算なきアメリカとの戦争などするものじゃない、負ければ国が潰れる、として意見をしてきたのである（一九四一年＝昭和十六年九月二十九日、軍令部総長永野修身《ながのおさみ》大将にたいする発言。この発言から約二カ月後に日米開戦となった）。

その考え方は、かつて、アメリカとの戦争につながる危険性の高い日独伊三国同盟にたいして猛反対したことでもうかがえる。すなわち、陸軍がナチス・ドイツとの軍事同盟を提案してきたとき、山本五十六海軍次官は、上司の米内光政《よないみつまさ》海軍大臣や部下の井上成美《いのうえしげよし》海軍省軍務局長らとスクラムを組み、文字どおり職を賭《と》して反対し続けた（一九三九年＝昭和十四年初頭から八月まで）。

結果は、ヒトラーが突然、独ソ不可侵条約を締結したことにより、同盟問題は流産した。猛反対が一応は効果をあげたのである。しかしそれからほぼ一年後、その後の国内政治状況の変化により、海軍は陸軍に同意して日独伊三国同盟を締結してしまった。

このときはすでに山本は連合艦隊司令長官となっていたので、反対しようにもできなかった。そしてそのポストのまま、日米開戦を迎えたのである。

山本の戦略は短期決戦・早期講和であった。それにはアメリカの空母部隊をなんとか早く撃滅して、立ち直るすきを与えないこと、そのうえで占領地（中国の占領

ブーゲンビル島のジャングルには山本大将乗機の残骸が残っていた。
山本元帥景仰会撮影

地も含むと解されている）を全部返還するぐらいの腹づもりで講和交渉にはいることだったといわれる。

しかし、ミッドウェー海戦の敗北でそのような構想が幻となった。ガダルカナル島をめぐる攻防でも日本軍は敗北し、アメリカ軍の本当の強さを知った。これ以上戦っても日本の勝利はもちろんのこと、条件を出しての講和交渉もほぼ望みがなくなった。山本が撃墜死させられたころは、客観的に見てもこんな情況だったのである。山本長官が早くも死に場所を探していたとする推測は、決して根拠のないことではない。

ところで、山本撃墜死にはもう一つの謎がいわれている。

すなわち、捜索隊がジャングルに墜落した一式陸攻を発見したとき、「左手は黒塗りの軍刀のさやをにぎり、右手は刀のつかの先をにぎっていて、あたかも全軍を指揮している北条早雲のごとき」山本長官を発見した。そして、顔や衣服には敵弾にあたった証拠となる血痕はまったく見られなかったという証言が多いという。

だから敵機による「銃撃で即死」という正式の検視報告書にあるような傷は、「（発見された後に）人為的、人工的に物理的な外力が加えられ、死後損傷が生じたのではなかろうか。とすれば、鉄砲かピストルか、あるいは鋭利な刃物で傷口を作ったことになる」（蜷川親正『山本五十六の最期』光人社）との推察も可能のようだ。

右の著者は現場で山本長官を最初に検視した蜷川親博軍医大尉の弟という。正式の検視報告書作成の際には無視されたらしい兄の検視メモと、多くの目撃者証言でつづられたこの本は、山本長官は墜落後もしばらくは生きていたことを信じさせるに足る迫力を持っている。


（渡辺大助）

第3話◉インパール作戦の最終決断は、人情論に負けたから？

神がかり軍司令官が押しまくり、強行された〝愚かな作戦〟認可の舞台裏

〝終生の恨事〟と嘆いた参謀本部作戦部長

「別室で杉山参謀総長は『寺内さんの初めての要望であり、たっての希望である。南方軍ができる範囲なら希望どおりやらせてもよいではないか。なんとかやらせてくれ』と、切に私の翻意を促された。

結局わたしはそれに負けたのである。

インパール作戦の認可問題は第一部長としてのわたしの終生の恨事である。あのとき、なぜ初心を貫徹しなかったのか。

結局杉山総長の人情論に負けたのだから、当初の反対論などなんにもならぬことだ」（『真田穣一郎少将手記』『戦史叢書　インパール作戦』から引用）

戦後、このように回想したのは大本営陸軍部（参謀本部と一体）の第一部長（作戦

部長）だった真田《さなだ》穣一郎《じょういちろう》少将である。寺内さんとは南方軍総司令官寺内寿一《てらうちひさいち》大将、このような人情論で迫ったのは参謀総長杉山元《すぎやまはじめ》大将である。

結局、真田作戦部長の反対で〝認可せず〟の結論でまとまりそうだった作戦会議は、杉山参謀総長の泣き落としで、一転、認可することが決まった。一九四四（昭和十九）年一月三日のことだった。

三人の上下関係は、偉い順から杉山→寺内→真田であることはいうまでもない。念のためにいえば、杉山の上司は天皇その人である。

参謀本部作戦部長・真田穣一郎少将

インパールとは、ビルマ（今のミャンマー）西部と接するインド領マニプル州の州都で、ここに根拠地を置いていたイギリス軍を攻撃して占領するのが、インパール作戦だった。

では、なぜ真田は〝終生の恨事〟と嘆いたのだろうか。

それは真田も含めて大方の予想どおり、日本軍は惨敗し、直接戦闘に参加した三個師団・四万八九〇〇人のうち約二万人が戦

参謀総長・杉山元大将

第15軍司令官・牟田口廉也中将

死、約一万七〇〇〇人が行方不明になる結果を招いたからである。また、大部分の指揮官・参謀たちが不必要で不合理な作戦と考えていたからである。

実際、この作戦に反対していたのは真田作戦部長だけではなかった。

インパール作戦を構想し、強力に推進したのは、ビルマ駐屯の第一五軍司令官牟田《むた》口《ぐち》廉也《れんや》中将である。ところが同軍の参謀長小畑信良《おばたのぶよし》少将は最初から猛反対した。インパールまでにはビルマ・インド国境沿いの険阻なアラカン山脈とチンドウィン河という大河を渡らなければならない。とても食糧・弾薬の補給が困難だと直感したからである。

ところが牟田口軍司令官はあっさりと小

畑参謀長を罷免してしまった。

そればかりではない、牟田口の部下には三人の師団長がいたが、構想を聞いているうちに二人は反対、一人は懐疑的だった。

当時の牟田口第一五軍司令官は、ビルマ方面軍司令官（河辺《かわべ》正三《まさかず》中将）の指揮を受けていた。その方面軍司令官は南方軍総司令官（寺内寿一大将）の指揮下にあった。南方軍総司令官は先にも触れたように参謀総長（杉山元）の指揮を受ける立場であった。

ビルマ方面軍司令官・河辺正三中将

問題は、河辺ビルマ方面軍も寺内南方軍総司令官もともに、インパール作戦に積極的だった、ということである。

ところが方面軍司令部の参謀や南方軍司令部の参謀には、作戦に反対する者が多かったのである。しかし、親分（司令官）が「やりたい」「牟田口に是非やらしたい」という立場だから、反対しても始まらない。

当時の日本軍指揮官はたいていは参謀のいうことに反対しないのだが、牟田口、河辺、寺内の三人はことインパール作戦では頑固であった。

方面軍司令部でも反対だった参謀の一人（片倉衷大佐《かたくらただし》）も、昇進させられて体よく別のビルマ駐屯軍の参謀長に転出させられた。南方軍司令部でも、徐々に賛成派の参謀に取って代わらせるという人事が強行されたのである。その代表例が、南方軍総参謀副長（南方軍のナンバー3）として乗りこんできた綾部橘樹《あやべきつじゅ》少将（直後に中将）である。綾部の前のポストは参謀本部作戦部長であり、真田少将と交代したのである。

「俺には神様がついている」と豪語する牟田口軍司令官

そう見てくると、真田作戦部長があくまでも突っ張って「作戦反対」と叫び続けたとしても、はたしてそれを貫徹できたかどうかは怪しいものである。

杉山参謀総長は、別室に真田作戦部長を引き入れ、膝詰めで泣き落としにかかった。真田がその情にほだされたから、いかにも人情論に負けたという形になったが、その段階でも反対を言い続けたとしたら、杉山はどう出ただろうか。

杉山参謀総長はほとんど幕僚の案をそのまま認めてきた優秀な軍官僚だった。しかし、本当に自分の意に沿わない幕僚の意見だったらどうか。方面軍司令官や南方軍総司令官という第一線最高指揮官が、相当の覚悟と見通しのうえで、作戦の認可を求めてきたのである。そこに至るまでの約半年間の経緯も杉山は承知している。

牟田口が自分の作戦に反対した参謀長を罷免しても上司の河辺は容認した経緯も知っていたであろう。南方軍から派遣された参謀たちが、インパール作戦の困難さを報告したことがあったが、その件についても杉山は知っていたであろう。

そういう多くの参謀たちの反対があることを承知で、寺内大将がなおも作戦の認可を求めてきたとすれば、参謀総長としては少々の不合理や困難さがあったとしても認めなければならない立場であった。

南方軍総司令官・寺内寿一大将

そうでなければ、杉山が寺内にたいして事実上の不信任を突きつけることになる。

杉山も寺内も同時に元帥になっていたが（一九四三年八月）、陸軍士官学校や陸軍大学は寺内のほうが一年先輩である。杉山としては、寺内を不信任するという事態はどうしても避けたかったに違いない。

結局、杉山参謀総長は真田作戦部長が人情論にほだされてくれたから良かったもの

インパール作戦でコヒマ街道(コヒマ〜インパール。いずれもインド領)を遮断した日本軍

の、真田があくまでも反対したら、人事をやり直してでもインパール作戦を認可する道を模索したに違いない。

ビルマ現地での作戦に関する準備はすでに大筋では終わっており、そのうえで順序を経て大本営にあがってきたのであれば、それを否決することは非常に難しかったであろうと思われる。

つまり、真田少将が作戦に反対するには、すでに遅きに失したのである。正式に認可を求めてくる前に、いろいろ根回しして「認可せず」の意思表示を、頻繁におこなっておくべきだったのだ。真田少将はそれを怠ったのだ。

こうしてインパール作戦は一九四四年三月八日に開始された。

作戦開始の三日前、約九〇〇〇〇人のイギリス軍が中部ビルマに降下した。ウィンゲート空挺部隊である。これを見て、ビルマ駐屯の第五飛行師団長田副登《たぞえのぼる》中将は牟田口軍司令官を訪ね、インパール作戦の無謀さをあらためて訴えた。

「輸送機が一回六トンを積んで一日三〇〇機就航すると、一日に一八〇〇トン輸送できる。その七割としても、一日平均一〇〇〇トンである。要するに武器、弾薬、食糧、兵員を満載した一〇〇両編成の貨車が毎日空から送りこまれるのである」

と説明し、イギリス軍の実力を示しながら、補給問題を解決しないでインパール作戦を開始する無謀さを指摘したのである。

それにたいして、牟田口軍司令官は、「それは数字の問題にすぎない。私には神様がついている」と答えたそうである。

すでに大命《たいめい》（天皇陛下の命令）が出ていたインパール作戦を、軍司令官の一存で中止するわけにはいかないと、重々承知のうえでの田副中将の忠告ではあっただろうが、そう忠告せざるを得ないほど、無謀な作戦であったことを周囲の者もよく知っていたわけである。

第4話◉総司令官が「?、!」だった大陸打通作戦

〝ほめれば雄渾《ゆうこん》、けなせば粗大《そだい》〟と評されたその戦略的理由とは?

総司令官が疑った〝作戦の必然性〟

大本営が支那派遣軍に命じた大陸打通《たいりくだつう》作戦とは、中国大陸の北から南まで鉄道を貫通させ、シンガポールと東京を鉄道でつなぐ目的をもっていた。作戦は一九四四(昭和十九)年四月に開始され、その年の十二月までおこなわれた。

もちろん、南部中国からはベトナムに入り、タイを経てマレー半島を南下すればシンガポールに至る。また、北京~天津を経て満州国(中国東北部にあった日本の植民地)の奉天《ほうてん》(今の瀋陽《しんよう》)に至り、そこから朝鮮半島を縦断して釜山《プサン》までなら鉄道が通っている。釜山~下関は連絡船に乗せ、下関から東京まではすぐである。朝鮮はいうまでもなく日本領だった。

ベトナム~シンガポール、北京~釜山の鉄道は正常に運転されていたが、肝心の

大陸打通作戦は南北に鉄道を貫通させることだった

中国大陸は日本の占領地にもかかわらず随所で鉄道は不通だった。北京から中国南部、具体的には広西省《こうせい》（今の広西チワン族自治区）の桂林《けいりん》、柳州《りゅうしゅう》、南寧《なんねい》、さらにはベトナム国境までは、鉄道は敷設されていたが、列車は部分的にしか運転されていなかったのである。

このような打通を図れば、占領地の物資を陸路で日本に運べるし、前線への兵員や軍需物資も陸路で届けることができる。すでに海上輸送が、主としてアメリカ潜水艦の跳梁《ちょうりょう》激しく、まともな補給輸送も占領地における資源還送もままならなくなっていたのだ。

大陸打通作戦とは中国大陸鉄道の幹線周辺を完全に軍事占領することを意味する。

広大な中国大陸の北から南まで、大兵力を動員しなければならない。

「それには余程《よほど》の戦略的理由がなければならない。モウ緒戦勝の酔いはスッカリ醒《さ》めていたはずだ。軍人の道楽に、これほどの作戦をもてあそぶ時期もすでに過ぎ去っていた」(『帝国陸軍の最後　2・決戦編』角川文庫。傍点引用者)と、戦前、海軍記者として有名だった伊藤正徳は皮肉っている。彼の戦史は、総じて日本軍健闘への称賛と戦没者への哀悼の思いが、彼独特の美文調でつづられているが、そういうなかにあって、「軍人の道楽」とは格別に思いきった皮肉である。

戦略的理由の一つが、右に書いたような東京〜シンガポールに鉄道を通すこと、ついでに鉄道沿線の飛行場を破壊すること、さらには日本軍は勝つだろうから、「これなら自信をもって報道員自らの筆で勝利のニュースを国民に伝えさせ、めいった人心に一振摂《しんせつ》を加える契機を作ることができる」とも書いている。

しかし、打通作戦に関しては「ほめれば雄渾、けなせば粗大」と酷評した。要するに、この時期、大陸打通作戦は本当に必要な作戦だったのか、と伊藤記者は疑問を呈しているわけだ。

大陸打通作戦の最高指揮官は支那派遣軍総司令官の畑俊六《はたしゅんろく》大将である。その畑総司令官はどう思っていただろうか。戦後の回想では、作戦の意味がよくわからなかったと、次のようにいう。

「一号作戦（大陸打通作戦のこと）そのもの特に打通作戦は戦争全般からみて、良いことで必要なのであろうが、しかし打通してもあまり大きな期待はできないのではないか。支那派遣軍と本土との連絡は、特に事欠くとは思っていなかったからかも知れない。打通そのものに、真に強いものを感ぜられなかったことは事実である。……打通作戦は（鉄道を）連絡すれば良いのだから、任務達成に期待が持てる作戦で、自分としても大いに乗り気になった次第である。これが国軍の主攻正面（戦局の主要な正面攻撃）となって敵と決戦でもやろうかというようなものであれば、それこそ武運に恵まれたものであろうが、そうまでは考えらるべくもなかった。

しかし、派遣軍としては、これによって沈滞した空気からぬけ出て、何かの局面転換になるのではなかろうかという希望が持てた次第である」（防衛庁戦史室『戦史叢書　一号作戦〈1〉河南の会戦』朝雲新聞社）

支那派遣軍総司令官・畑俊六大将。「支那」は「万里の長城から南と内蒙古の中国」の意味で日本において使用された呼称

中国に勝ってもアメリカに勝てない戦争

畑総司令官の回想はずいぶん人を食った感想だ。必要性を余り感じなかったこと、しかしやらせてくれるなら、難しくはないから、支那派遣軍の沈滞した空気が良くなるといっている。当時、中国の支那派遣軍の兵力は一〇〇万人ほどだが、占領地にあって警備するぐらいで、だれきっていたらしい。軍隊の士気を鼓舞するための戦争が欲しかったのであろう。伊藤正徳が「軍人の道楽」と冷ややかに書いたユエンである。

大陸打通作戦が大本営から示されたとき、派遣軍の作戦課長（天野正一大佐）は、「この連絡を受けて内心〝しめた〟と思った。下手に大きな条件や兵力を要求して、この問題が流れることを懸念した」（前出『戦史叢書　一号作戦〈1〉河南の会戦』）という。

ここには、大半がただ駐屯しているだけで士気が低下していた派遣軍が、この作戦でよみがえるはずという期待感があらわれている。現に今戦っている大東亜《だいとうあ》戦争（日中戦争と太平洋戦争を総称する当時の正式名称）の行方にはほとんど関心を持たない言い方に聞こえる。

ところで、大陸打通作戦の最大の激戦地といわれる衡陽《こうよう》（湖南省）への攻撃が開始される直前、この大陸打通作戦の不合理性を浮き彫りにする〝事件〟が起こった。

すなわち六月十五日（一九四四年＝昭和十九年）、四川省成都を発した超空の要塞Ｂ29の編隊が北九州の八幡製鉄所を空爆したのだ。Ｂ29による日本本土初空襲である。また同じ日、アメリカ軍がマリアナ諸島サイパン島に上陸作戦を開始した。これは成都に代わる日本本土空爆のためのＢ29基地を求めてのことだった。

衡陽の戦いは八月八日までかかったが、すでにサイパンは占領されていた。衡陽付近の飛行場をいくら占領破壊しても、成都発のＢ29編隊は知らぬ顔で北九州や満州国の鞍山《あんざん》（最大の製鉄所があった）を爆撃していた。日本本土が攻められているのに、大陸打通作戦は中止されなかったのである。

軍事史家にいわせれば、打通作戦は京漢《けいかん》作戦と湘桂《しょうけい》作戦（第一期、第二期）に分けられる。京漢作戦とは北京～漢口《かんこう》（今の武漢《ぶかん》市の一部）の鉄道を打通する作戦、第一期湘桂作戦は主として湖南《こなん》省（別称を湘《しょう》という）を中心とする鉄道（湖北省漢口～衡《こう》陽《よう》、さらには衡陽～広東など）の打通、第二期湘桂作戦は、衡陽からスタートして主として広西省（別称を桂《けい》という。今の広西チワン族自治区）内の鉄道を打通し、ベトナ

京漢線（北京～湖北省の漢口。漢口は今は武漢市北部を構成している）が貫通し、“処女列車”が発車した

ムへ連接させる作戦である。

日中双方の損害は、京漢作戦では日本軍死傷約三三〇〇人（うち戦死八五〇人）・中国軍遺棄死体約三万七五〇〇人／捕虜約一万五〇〇〇人、第一期湘桂作戦では日本軍死傷病一万九二八六人（うち戦死三八六〇人）・中国軍遺棄死体六万六四六八人／捕虜二万七四四七人だったといい、第二期湘桂作戦や京漢作戦の延長として戦われた衡陽～広東打通にともなう戦い（粤漢《えつかん》作戦。粤《えつ》は広東省の別称で、広東から漢口に通じる鉄道が粤漢線である）に関しては「史料不足で不明」という（原剛「一号作戦　実施に至る経緯と実施の経過」波多野澄雄・戸部良一編『日中戦争の国際共同研究2　日中戦争の軍事的展開』慶應義塾大学出版会）。

日本軍迫るの報に、列車で避難しようとする人びと。広西省(今の広西チワン族自治区)桂林駅

八カ月にわたる作戦期間、広大な戦場、動員兵力約五〇万人という大規模な作戦としては日本軍の死傷者が意外と少ないことに気づかれるだろう。

それは、インパール作戦におけるような餓死者がほとんど出なかったからである。日本軍の補給活動のせいではない。民家を襲って食糧を奪い、食いつなぐことができたからである。

だいたい中国大陸の日本軍は、作戦に出るときは一週間分の食糧を各自が背負って進発したが、あとは大休止などの時間を利用して近くの民家に走り、穀物でも鶏でも豚でも手当たり次第に盗んで腹を満たしたという。こういうのを〝糧《かて》は敵《てき》に拠《よ》る〟と称した。

日本軍機により穴をあけられた広西省の柳州飛行場

衡陽会戦のあとも、予定のとおりに広西省内に進撃し、桂林や柳州を占領したときは十一月に入っていた。サイパンどころか、フィリピンのレイテ島にはアメリカ軍が上陸し、日本軍は徹底的にやられつつあった。

「だが夥《おびただ》しい犠牲を思うとき、喜びは湧いてこなかった。軍（支那派遣軍隷下《れいか》の第一一軍）は十一月十日には桂林と柳州とを同時攻略して、（天皇からの）御嘉賞のお言葉を頂いたものの、レイテにおける日米決戦は日に日に非であったからだ。当時は米製の短波受信機が情報源だったが、対米戦には何の寄与もできず、ただ中国民に災害を与えるだけと思ったからである。戦略の誤りは部隊の勇戦敢闘では補いきれない」

（佐々木春隆「体験的　日中戦争管見」『丸　別冊』「不敗の戦場・中国大陸戦記」特集号　潮書房）

この筆者・佐々木氏は第四〇師団歩兵第二三六連隊付の大尉だった。戦後、防衛大学校で教鞭をとったが、大陸打通作戦の不合理な戦略に振りまわされた一人だったのだ。

第5話◉いざ決戦の日！ 消滅していた第一航空艦隊の奇々怪々

マリアナ沖海戦の当日、無力化していた基地航空部隊に何が起こった？

基地機動部隊として再出発した第一航空艦隊

マリアナ沖海戦（一九四四年＝昭和十九年六月十九〜二十日）は、日本の空母機動部隊が完全に消滅した海戦だった。

それは名状しがたいほどの惨敗だった。惨敗の理由はもちろん、空母航空部隊の拙劣さや戦闘システムがアメリカ海軍にくらべて大きな差をつけられていたことがあげられる。

しかしながら、別の見方をすれば、その海戦に参加することを期待されていた日本海軍の別の航空部隊が、ほとんど戦力を発揮できなかったことにもよる。

〝別の航空部隊〟とは、第一航空艦隊（以下は一航艦と記す）のことである。これに所属する航空部隊が予定どおりの活躍をしていたならば、あれほどまでの惨敗を喫することはなかったと思われる。なぜ彼らは期待されたとおりの戦力を発揮できなかったのか。まことに不思議で、不可解な話である。

そもそもその航空部隊はどんな部隊だったのか。

第一航空艦隊は、真珠湾奇襲（一九四一年＝昭和十六年十二月八日）の成功からミッドウェー海戦（一九四二年＝昭和十七年六月五日）の敗北で廃止されるまでは、空母六隻を擁する機動部隊だった。搭載機数は合計で五〇〇機近かった。

ミッドウェー海戦から約一年余り後（一九四三年＝昭和十八年七月一日）、あらためて第一航空艦隊が編成されたが、空母は一隻もなかった。航空部隊を寄せ集めた基地航空艦隊として再出発したのだ。海軍は、艦船がなくとも〝艦隊〟と称することになっていた。

基地航空艦隊としてはすでに太平洋戦争初期から第一一航空艦隊が編成されていたが、このときはすでに名前ばかりの艦隊で飛行機は一機もなく、しかも司令部はラバウルに置かれていた。そのラバウルは、アメリカ軍により海空から封じ込められていた。第一一航空艦隊要員は、脱出もできず、戦う飛行機もなく、整備部隊や飛行場部隊ともども遊兵部隊となっていた。ラバウル駐屯の遊兵部隊は陸軍部隊も合わせると、七万とも一〇万ともいわれる。

　さて、新編成の一航艦は角田《かくた》覚治《かくじ》中将のもと、〝基地機動部隊〟の役割を担わされた。展開すべき場所はマリアナ諸島やカロリン諸島（パラオ諸島やトラック諸島など）、そしてフィリピン諸島南部だった。

　一航艦の飛行機定数は約一七〇〇機もあった。定数だから、いつもそのとおりの飛行機をそろえていたわけではないが、とにかく艦隊と名の付くとおり、大部隊であることに変わりはない。

　一通りの訓練を終えて主力部隊がマリアナ諸島に進出したのは一九四四年二月である。進出早々に米空母機動部隊発見の報で勇躍出陣したが、大敗を喫した。喪失一二五機という。その米空母機動部隊は連合艦隊司令部がいたパラオ島を空襲するために近寄ってきたのだ。一航艦はそれを阻止できなかった。最初のつまずきである。

第1航空艦隊司令長官・角田覚治中将

　五月に入ると、新しい態勢で展開した。マリアナ諸島に約二一〇機、ペリリュー島（パラオ諸島の一つ）に約一〇〇機、ヤップ島（カロリン諸島西部）に約五〇機、トラッ

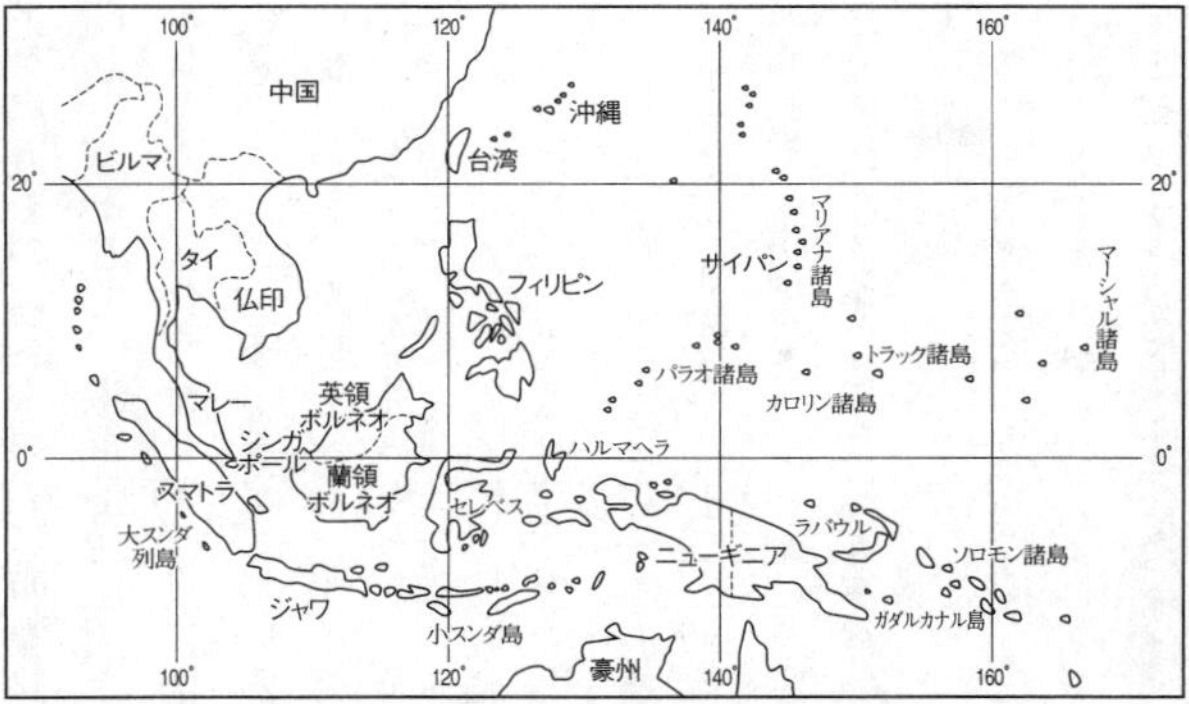

マリアナ沖海戦は、マリアナ諸島の西方海面が戦場だった。
アメリカ軍はフィリピン海海戦と呼んでいる

ク環礁に約六〇機、フィリピン南部に約六〇機、西部ニューギニアに約三〇機という具合だ。合計で五〇〇機を超える。

このままの態勢でマリアナ沖海戦を迎えていたらと、誰しも思う。ところがそうでなかったのはなぜか。

読み間違いとパイロットの衰弱と相手の強さと……

原因はいろいろありそうだ。

第一は、米軍がビアク島に上陸した（五月二十七日）ことを受けて、たぶん、この周辺にアメリカ主力艦隊が集まるだろうから、そこで決戦をやろう、として「渾《こん》作戦」が立てられた。

これに呼応して、一航艦の主力部隊がビ

アク島近くのニューギニア西端フォーゲルコップ半島（今のドベライ半島）各地に展開した。そして、米軍輸送船団などを攻撃したが、逆にやられる場合が多く戦力を消耗した。渾作戦はビアク島に増援部隊を上陸させるとかさせないとかいう問題で決着がつかず、モタモタしているうちに、新しい局面が現れた。

すなわち、六月十一日、サイパン、テニアン、グアムの一航艦各飛行基地が空襲を受けたのである。午後一時ころから夕方までくりかえしの空襲である。これはこれらの島々近くまで米空母機動艦隊が近づきつつあることの証拠だった。

このとき、一航艦の飛行機はサイパン、テニアン、グアムに合計一三六機、トラックに三五機、パラオに一五三機、ニューギニア西端に一〇九機いたという（正しくはこれらの部隊は一航艦を主体とした「第五基地航空部隊」と区分されており、角田一航艦長官が指揮をとっていた。ややこしいので、ここでは一航艦部隊と呼ぶ）。合計は四三三機になるが、これは大本営の推定であって、実際にはもっと少なくなっていたらしい。

さて、米艦載機の攻撃は翌十二日もおこなわれ、一航艦の飛行機は大部分が消耗した。

こういう状況下で連合艦隊は、十三日、「あ号作戦決戦用意」の命令を出した。

「あ号作戦」というのは、この方面に米軍がやってきたときに備えて、どういう戦い方をするかをあらかじめ決めていた作戦のことである。だから、まもなく起こるマリアナ沖海戦も「あ号作戦」のなかの一つである。

もうビアク島救援どころではない。重要性からいえば、サイパンなどマリアナ諸島の比ではないからだ。渾作戦はただちに中止された。小沢治三郎中将指揮の空母機動艦隊もフィリピンから急遽マリアナ沖合に向けて急行し始めた。

第1機動艦隊司令長官・小沢治三郎中将

連合艦隊司令長官（豊田副武大将）は、一航艦角田長官にたいして、フィリピン南部やビアク島方面に移動している航空部隊もマリアナや西カロリン方面へ移動させて、決戦に備えよと命じた。

ところが、そんな命令は急には実行できない相談だったらしい。なぜなら、すでに飛行機を多数失っているほか、生き残った搭乗員の多くもマラリアやデング熱にやられていた。十四日までに移動できたのは三分の一にしかすぎなかった。マラリアもデング熱も蚊によって媒介される伝染病で、

小沢艦隊を攻撃するため空母「バンカー・ヒル」から発艦しようとする艦上爆撃機ＳＢ２Ｃヘルバイダー

この方面の衛生状態がいかに劣悪だったかがわかる。

六月十五日に米軍のサイパン上陸が始まった。この上陸部隊を護衛する米空母機動部隊は、なんと正規空母七隻・軽空母八隻、護衛の新式戦艦は七隻、搭載機数九〇二機、うち半数以上の四七五機が新鋭のＦ６Ｆ戦闘機（ヘルキャット＝地獄猫）で占められていた。

対する日本の機動艦隊は空母は正規空母三隻を含む九隻、搭載機数四三九機で、機数にして米軍の半数だった。

一航艦が残存の飛行機を寄せ集めたところやっと一一五機にしかならず、うち爆撃機四〇機、ゼロ戦（戦闘機）七〇機だった。この程度では米空母群への組織的攻撃は無

米軍艦載機に攻撃される小沢艦隊

理である。それでも十五日二四機、十六日数機、十七日五六機と出撃させては米空母機動艦隊を攻撃しようとしたが、ことごとく返り討ちに遭い、戦力を消耗した。

十八日も五八機が出撃して「空母一、戦艦一撃破のほか、かなりの戦果を報告してきた。が、アメリカ側の発表に機動部隊に被害はなく、給油艦三隻に命中弾があっただけだという。味方機はこの攻撃で、またも半数に近い二二機喪失の大きな損害を出してしまった」。

そして、いよいよ六月十九日、マリアナ沖海戦の火ぶたが切られたが、多くの戦史書が指摘するように、何ら戦果をあげることはできなかったばかりか、わが方は空母三隻沈没・飛行機搭乗員約四〇〇人と艦船乗組員約二〇五〇人戦死・残存飛行機七三機という惨敗・完敗に終わった。それは日本海軍の終焉をも告げる敗北だったのだ。

「目標めがけて大きく振りかぶった右腕・小沢部隊（空母機動部隊）は、振り下ろした瞬間砕けてしまったといえる。そして左腕角田部隊（一航艦。基地機動部隊）はその日すでに、くりだす力がなくなっていたのだ」

搭乗員が未熟だったとはいえ、はたまたサイパンではなくビアク島に気をとられ過ぎだったとはいえ、大所帯〝一航艦〟の不可解な戦力消耗であった。

（本稿は雨倉孝之「角田中将の第一航空艦隊は、肝心の決戦の日、なぜ消滅していたのか」『別冊歴史読本』戦記シリーズ52「海軍航空隊とカミカゼ」特集号所収　新人物往来社をもとに執筆。カギカッコ内はその直接引用。他に野村実『海戦史に学ぶ』文春文庫を参考にした）

第6話◉ゲリラに拾われた〝Z作戦〟文書の行方と責任は？

〝捕虜になった連合艦隊参謀長〟の甘すぎる査問は日本海軍の伝統か

飛行艇で移動中、連合艦隊司令部の遭難

この項は、古賀峯一《こがみねいち》連合艦隊司令部が遭難した事件（海軍乙事件と称される）にまつわる、かなり不可解な経緯である。結論からいえば、遭難したときに失われた連合艦隊の次期作戦「Z作戦」を詳しく記した機密書類が、連合軍側に渡った可能性が高かったにもかかわらず、まったく不問に付されたのは「なぜか」、という疑問をあつかってみたい。

一九四四（昭和十九）年三月末、連合艦隊司令部はパラオ諸島コロール島の南洋庁長官邸に置かれていた。長らくトラック環礁の泊地にいたのだが、アメリカ空母艦載機の空襲を避けるために、二月の初めに移動してきたのである。

ところがそのパラオも三月三十日早朝から激しい空襲に見舞われた。空襲は翌三

十一日もおこなわれ、午後二時過ぎにやっと終わった。福留繁《ふくとめしげる》参謀長は時を移さずフィリピン・ミンダナオ島ダバオに移動するよう手配した。古賀峯一司令長官も同意したらしい。

飛行艇三機が用意され、一番機に古賀長官以下八人、二番機に福留参謀長以下一一人が乗りこみ、午後九時三十五分に出発した。順調にいけば、翌日午前三時過ぎには到着する。

ところが航路はあいにくの低気圧が発達していた。二機はお互いの位置を見失い、単独でダバオをめざした。

殉職した連合艦隊司令長官・古賀峯一大将

残りの司令部要員を乗せた三番機は出発が遅れて翌日午前四時五十六分に離水し、午前七時四十分に無事ダバオに到着した。しかしながら、先着しているはずの二機がまだ到着していなかった。二機が遭難したことがはじめて明らかとなった。

遭難した二機はどうなっていたのか。マニラの第三南遣艦隊《なんけんかんたい》では飛行機と艦船を動員して大捜索を実施したが、ついに発見することはできなかった。

結論からいえば、古賀長官機はその後も発見できず、長官一行は行方不明となり殉職と断定された。福留参謀長機は墜落はしたものの、六時間漂流のあと、フィリピンゲリラ部隊に救出されていた。全員ではなかったが、救出された九人の一人に福留参謀長がふくまれていたのである。場所はセブ島ナガ町沖合だった。セブ島ももちろんミンダナオ島と同様に日本占領下にあったが、あいにくと救出してくれた人たちは占領日本軍と戦っていたフィリピン・ゲリラたちだった。彼らは武装していたのである。

助けてくれた人たちがゲリラだとわかって、福留参謀長と山本祐二中佐（作戦課長）は、漂流中も大事に手放さずにいた書類ケースを海に投げ捨てた。それは今後の連合艦隊の作戦を詳細に記した通称「Z作戦」計画書と暗号書関係の機密図書が入っていたからである。

アメリカのノンフィクション作家ジョン・トーランドの『大日本帝国の興亡』（毎日新聞社訳）によれば、「漁夫の一人がゆっくりと沈んでいく手さげ鞄をチラッと見た。そして沈んでしまう前にそれを拾い上げた」という。

参謀長一行を救出したゲリラ部隊は、当時は日本軍からは米比《べいひ》軍をもじって米匪《べいひ》軍と呼ばれていたが、それは部隊の指導者の多くが米軍人で占められていたからだ。そのゲリラ部隊の指揮官はフィリピン人だったが、セブ島地区ゲリラ部隊の指揮官はジェームズ・M・クッシング中佐といった。

拾い上げられた鞄には赤いマークが付けられていた。ゲリラたちはそれが日本軍の機密書類を示すものであることをすぐに見抜いたという。

知らせを受けたクッシング中佐はミンダナオ島中部に潜むミンダナオの全ゲリラ部隊長である技術将校ウェンデル・ファーティング大佐に無電で連絡した。ファーティング大佐はただちにオーストラリアのマッカーサー司令部＝連合軍司令部に通報した。

「ここではその電報が『大変な興奮』をひき起こした。そして海軍は作戦中の潜水艦を一隻できるだけ早く任務からはずし、セブ島の直ぐ西のネグロス島まで派遣し、その捕虜と書類を引き取らせようと申し出た」（前出『大日本帝国の興亡』）のである。

ゲリラ討伐停止と参謀長ら捕虜を交換

とはいえ、参謀長らを救出したセブ島のゲリラ部隊は、差し迫った問題を解決するために日本軍に取り引きを申し出た。

じつはそのゲリラ部隊は日本陸軍部隊（独立混成第三一旅団独立歩兵第一七三大隊。隊長大西清一中佐）に包囲されており、窮地に立たされていたのである。

そこで、参謀長ら捕虜の引き渡しを条件に、日本陸軍の包囲を解き、討伐を一時中止するように申し入れたのである。大西隊長は降って湧いたような申し入れを受け入れるべきかどうか所属の旅団司令部に伺いをたてたが、返事はなかなかこなかった。やむを得ず、大西隊長は独断で取り引きに応じ、討伐を中止して、参謀長一行を引き取った。

ゲリラに捕まり作戦書類の入ったカバンを奪われた連合艦隊参謀長・福留繁中将

こうして、四月十二日、福留参謀長らは海軍第三一警備隊セブ派遣隊に引き取られた。第三南遣艦隊司令部は艦隊参謀の山本繁一少佐を派遣して、機密書類の行方を質《ただ》した。福留参謀長は「機密書類は漁民の手に渡ったが、彼らは関心を示さなかったようだ」と語ったという。

福留参謀長、山本作戦課長ほか一名は

東京に呼ばれ、四月十七日、海軍大臣官邸で事情聴取を受けた。

事情聴取したのは海軍首脳の六人で、海軍次官沢本頼雄《よりお》中将、海軍省軍務局長岡《おか》敬純《たかずみ》中将、人事局長三戸寿《みとひさし》少将、軍令部次長塚原二四三《つかはらにしぞう》中将、同じく軍令部次長伊藤整一《せいいち》中将（当時は次官二人制）、軍令部第一部長（作戦部長）中沢佑《たすく》少将だった。海軍大臣と軍令部総長を一人で担っていた嶋田繁太郎大将が出席していないだけで、文字どおりの最高首脳陣である。

ここでも最大の関心事は機密書類の行方だったが、福留参謀長は「機密書類は漁民の手に渡ったが、彼らは関心を示さなかったようだ」との報告をくりかえした。そしてなぜか、事情聴取側もそれ以上の追及をおこなうことなく、事件をどう扱うかを協議した。沢本中将が議長役となり、採決したところ、三対二で「不問に付す」ことが決定されたという。

連合軍の作戦に活かされた連合艦隊の機密書類

ところが、潜水艦をフィリピンに派遣してゲリラ部隊から機密書類を手に入れた連合軍は、まずオーストラリアの連合軍司令部で大急ぎで翻訳させた。中心になった書類は一九四四（昭和十九）年三月八日付の「連合艦隊機密作戦命令第七三号」だった。翻訳された機密文書は、ハワイに送られ、米太平洋艦隊の知るところとなったのである。

それには「来攻するアメリカ艦隊からマリアナ諸島をいかに防衛するか、その作戦計画が詳細に述べられていた。それには、現在の戦況と予想敵兵力ならびに、四月末までに日本海軍の水上部隊と航空部隊をどこに配備するかについて、詳細に述べられていた。古賀提督（連合艦隊司令長官）は、アメリカ軍が四月以降はいつ進攻してくるかもしれないと考えていた」（ジョーゼフ・D・ハリントン『ヤンキー・サムライ』妹尾作太男訳／太平洋戦争研究会「ゲリラに奪われた連合艦隊の作戦計画書」『別冊歴史読本』戦記シリーズ41「太平洋戦争情報戦」特集号所収から引用）などと書かれていたのである。

Z作戦はその後、連合軍に機密書類が渡っているかもしれないという危惧があったのだろうか、書き換えられて「あ号作戦」となったが、航空機数とか配備基地などは基本的に変えようがなく、マリアナ沖海戦（「あ号作戦」中に戦われた海戦）時には、米機動部隊側では日本の連合艦隊の手の内をすっかり読みこんで作戦することができたわけだった。

参謀長以下不問に付された問題は、しかし、日本海軍の不透明さを典型的に示した処理ではあった。それは上級者にたいする甘すぎる統制であった。

なぜなら、日本陸海軍を問わず、当時の軍人は捕虜になることを厳しく禁じられていたにもかかわらず、彼らは高官であるとの理由で、この問題も不問に付されたからである。

海軍は、捕虜になった下級軍人に関しては異様に厳しく扱った。ハワイ奇襲作戦に参加した特殊潜航艇搭乗員一〇人のうち、一名が捕虜になっていることが判明すると、あたかもその一人はいなかったかのように扱い、九人だけを軍神としてほめちぎった。

また、海戦初期、フィリピンを爆撃した陸上攻撃機が不運にも不時着し、幸いにもその後フィリピンを占領した日本陸軍部隊に救出されたことがあった。ところが、事情聴取の過程で、一時的にアメリカ軍の捕虜になっていたことが判明すると、その爆撃機の搭乗員八人は最後にはまるで〝自爆せよ〟とばかりに、ポートモレスビー（ニューギニア東部。今のパプアニューギニアの首都）への単独偵察撮影を命じられた。護衛につける戦闘機があったにもかかわらずである。一行は〝暗黙の命令〟を了解しつつ、自爆せざるを得なかったのである。最後の電報は、「地上砲火熾《し》烈《れつ》、われ被害なし。天候晴れ、われ今より自爆せんとす。天皇陛下万歳」（一九四二年＝昭和十七年三月三十一日。岩川隆「われ、自爆す天候晴れ」『文藝春秋』臨時増刊「目で見る太平洋戦争史」昭和四十八年十二月刊）だったといわれる。

連合艦隊参謀長が捕虜となり、交換で無事に帰還したことは喜ばしいことである。ならば、右のように、捕虜となった下級士官や兵たちにたいする扱いも、間違いだったとして彼らの名誉を回復してやらなければなるまい。そういう努力を、彼ら海軍首脳たちはおこなったであろうか。

あるいはまた、「ビハール号事件」における海軍首脳の責任回避も同じような不透明さを見せつけている。

この事件は、ジャワ島の南西約一〇〇〇キロのインド洋に浮かぶココス島沖合で、「（一九四四年＝昭和十九年）三月九日午前十一時、『利根』（重巡）が英商船ビハール号を発見、停戦命令を下したにもかかわらず、逃亡をはかったため撃沈した。その際、捕虜八〇名を収容、帰投後、一五名をバタビア（今のジャカルタ）に上陸させただけで、残る六五名を利根艦上で惨殺した――というのが事件の概要である」（菊池正剛「英商船ビハール号『捕虜虐殺事件』の真相」『丸　別冊』第三号「静かなる戦場　落日の東南アジア戦記」特集号所収　昭和六十一年七月発行　潮書房）。

この事件は戦後ＢＣ級戦犯事件（香港法廷）として連合軍によって処断された。

ビハール号事件（利根事件）の責任を問われ、戦後の戦犯裁判で絞首刑となった左近允尚正中将

利根が所属していた第一六戦隊司令官左《さ》近允《こんじょう》尚正《なおまさ》少将（終戦時は中将）が死刑（執行された）、利根艦長黛《まゆずみ》治夫《はるお》大佐が懲役七年の判決を受けた。左近允司令官からの命令による処断だったからである。

ところが左近允司令官は上級の南西方面艦隊司令長官からの「限られた情報価値のある者のみ収容し、残りは処分せよ」との命令にもとづいておこなったようだ。だが、南西方面艦隊司令長官の責任については問われなかった。戦後の海軍関係の戦史でも、この問題は正面切ってはまったく論じられていない。上級に甘い海軍内部の統制がこんなところにも現れているのである。

第7話◉東部ニューギニア・アイタペ作戦の不可解な決断

「進むも死、持久も死」の情況下、軍司令官の尋常ならざる楠公精神

東部ニューギニアという戦場とは

ソロモン諸島のほぼ東端ガダルカナル島が太平洋戦争における戦場であったことはよく知られている。もちろん、二万人以上が戦死し、その大半が餓死であったという事実とともに記憶されている戦場だ。

そのガダルカナルの死闘と同じ時期に、同じように飢餓に苦しめられながらも、玉砕につぐ玉砕の戦闘を展開したのが、ニューギニア東部における戦場だった。戦史では、語句をひっくりかえして東部ニューギニアというのが普通である。当時は、オーストラリアの国際連盟委任統治領、現在はパプアニューギニアという英連邦加盟国の独立国である。

その東部ニューギニアの戦場で、一九四四（昭和十九）年七月十日～八月三日、最

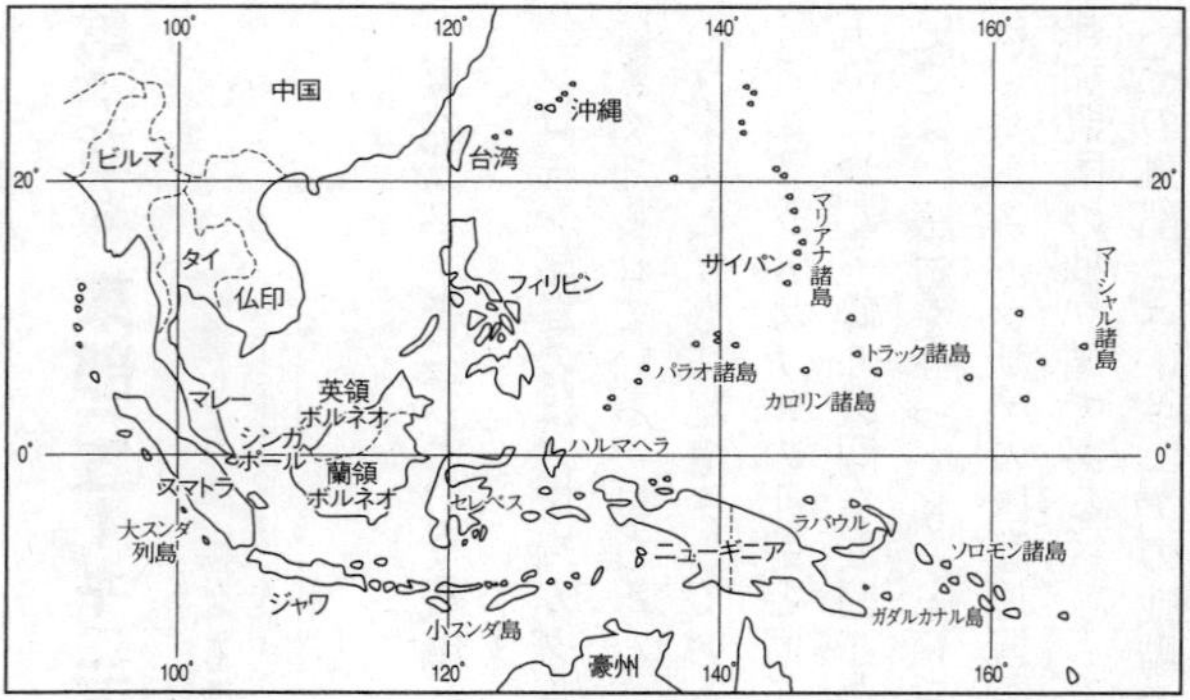

アイタペとはどこか？
今は英連邦加盟の独立国パプアニューギニアの一都市である

後に戦われた大規模な作戦がアイタペ作戦である。アイタペは地図で見るように、東部ニューギニアの北岸で、東経一四一度で区切られたインドネシア領西部ニューギニアのジャヤプラ（戦時中はホーランディア）に近い。

アイタペに連合軍が上陸したのは四月二十二日（一九四四年）だったが、同時にホーランディアにも上陸した。最高指揮官はマッカーサー大将。そのマッカーサー軍の真の目的は、ニューギニアの南岸沿いに兵站を築きながら、フィリピン奪還を果たすことであった。

第18軍司令官・安達二十三中将

アイタペとホーランディアに連合軍が上陸したとき、東部ニューギニアに展開していた日本の第一八軍は兵力約五万五〇〇〇人、それを軍司令官安達《あだち》二十三《はたぞう》中将が率いていた。もともとは約一〇万人もいたのである。それが相次ぐ戦闘、行軍等々でこれだけになっていた。

五万五〇〇〇とはいえ、戦力も食糧もほとんどなく、将兵は飢えとマラリアで憔悴していた。

第一八軍の上級司令部（第二方面軍、西部ニューギニアなど豪北〈オーストラリア北方の意味〉の防衛。司令部はセレベス島〈今のスラウエス島〉メナドに置かれていた）は、もう、アイタペやホーランディアの連合軍を相手に戦う戦力はないことを知っていたので、迂回して西部ニューギニア方面に脱出するように命じたが、安達軍司令官はそれは今となっては不可能だと応じた。迂回するといっても、ジャングルや湿地帯、無数の河川を踏破しなければならず、もうそのような体力は将兵には残されていなかったのである。

何回かの意見のやりとりのあと、第一八軍は南方軍直轄となったが、そこで出された命令（五月十七日）は畑でも耕しながら、自活せよということだった（実際の表現はもっと曖昧である）。大本営としては救出の輸送船を差し向けることも、補給品を輸送船や潜水艦で届けることもすでに不可能と知っていたからである。

ちょうど、東部ニューギニアの対岸に位置するラバウルなどニューブリテン島に進出していた日本軍約七万人が、救出もされず、脱出もできず、補給も届かない状態で自活生活に入っていたように、そのようにして食いつなぐことを命じたのである。こういうとき、付近の連合軍に降伏せよとは絶対に命じなかったのが、日本の軍隊だった。

アイタペ方面の地勢について説明を受けているオーストラリア軍の偵察隊

しかし、安達軍司令官はこの自活命令にも従おうとはしなかった。それよりも、目の前のアイタペにいる連合軍を攻撃したいとくりかえし要望していたのである。理由は、当時軍が駐屯していたウエワク（ここにも連合軍が上陸していた）後方のジャングルをいくら切り開いたところで、五万五〇〇〇人の将兵は養えないということであったようだ。それならばいっそ、軍隊らしく攻撃して果てる方が日本軍らしいと考えたのであろう。日本軍らしい死に方を安達軍司令官は追求しようとした。

進むべきか、止まるべきか。止まってもいつかは全軍が餓死する……。

「その実態を明確に把握すべく、軍経理部長金子関蔵大佐はウエワク貨物廠に腰を据えて泊まり込み、その指導下に保有糧食の棚卸検査が行われた。その結果、糧食就中《なかんずく》主食類は合計三千数百トン程度の量しか残されていないことが判明した。

これでは残存全軍五万五〇〇〇人の将兵一人当たり給与量は二分の一定量でほぼ四カ月分しか残されていない計算である。いかに食い延ばしを図っても向こう八月一杯ぐらいまでしかもたないことが明らかとなった。すなわち、補給糧食の上からは、軍の生命もあと百数十日という結論である」(針谷和男「〝飢餓のニューギニア〟はなぜ起こったか」森山康平編著『米軍が記録したニューギニアの戦い』草思社。針谷氏は東部ニューギニアにあった第二七野戦貨物廠所属の陸軍主計大尉)

〝合理的な命令とは言えないが、攻撃せよ〟

こうして、上級機関の命令がきっぱりと、「アイタペ攻撃はするな、持久せよ」と明確に命令していないこともあって、最終判断は安達軍司令官の一存にまかされたかっこうとなった。

そして安達は攻撃を決意する。

とはいえ、最後には迷いに迷ったらしい。戦後、生還した田中兼五郎少佐参謀は次のように回想した。

「七月一日、軍司令官が（戦闘司令所と決めた地に）到着された。夜私が報告すると、軍司令官はアイタペ攻撃につき、もう少し考えさせてくれとのことであった。三年近く幕僚としてお仕えしたのであるが、軍司令官がもうしばらく考えさせてくれと言われたのは、このときだけである。
その夜、閣下はまんじりともせずに熟考された。そして翌朝、『日本外史』を手にして出て来られ、杉山（茂）参謀と私に対して、『昨夜田中が言ったような趣旨でやりたいと思う。今まで『日本外史』を読んでいたが、楠公《なんこう》が湊川《みなとがわ》で出陣されたときの気持を模範としたいと思う』という趣旨のことを述べられた」（防衛庁戦史室『戦史叢書　南太平洋陸軍作戦〈5〉』朝雲新聞社）

『日本外史』は頼山陽《らいさんよう》の主著で江戸時代の一八二七年の刊行、普及版が昭和時代も出ていたのだろう。楠公とは、当時天皇に対する最大の忠義者として尊敬されていた人物、楠木正成《くすのきまさしげ》を敬っていう言い方だ。

すなわち楠木正成は後醍醐《ごだいご》天皇の鎌倉幕府討伐に参加し、最後は足利尊氏《あしかがたかうじ》を湊川（今の神戸市の中部を流れる川であり、地名）で迎え撃って討ち死にした。このとき楠木は明らかに劣勢であり、撤退して陣容を立て直す道もあったが、それもかなわず、敗れるとわかっていながらも戦い、最後は自決したといわれる。

日本軍人はもとより、日本国民は幼少のころからこの楠木正成の湊川における戦いを、唱歌や芝居や修身（道徳）の授業でくりかえし聞かされて育った。そういう戦いこそ、天皇にたいする忠義・滅私奉公《めっしほうこう》の最高の生き方として教えこまれていたのである。

そういう楠公精神《なんこうせいしん》の発揮こそ、日本軍らしい戦い方であると考えられていた。それが究極の軍人精神とされていた。当時の言葉でいえば、皇軍《こうぐん》の精華《せいか》を最高度に発揮することがこの楠公精神だった。皇軍とは天皇の軍隊という意味である。そこに無上の光栄、感極まる最高の名誉を感じてこそ、日本人としての気高い道徳を体現できると信じていたのである。

太平洋戦争の多くの戦場では、進退に窮した指揮官は、ほとんど決まってこの楠公精神を持ち出し、最後の結束をはかって玉砕や特攻に身を投じたが、安達軍司令官もまたそれを実践するときだと考えたわけである。

もちろん、そこには、なにか策を弄《ろう》したら勝てないまでも負けない戦いができるというような見通しが、まったく立たなくなっていたから、そういう心境に陥ったのである。なにしろ、このままでは三カ月足らずで五万五〇〇〇人全員が餓死するしかないと見込まれていたから、なおさらであったろう。

ただし、その攻撃命令は玉砕命令ではなかった。ここが〃微妙な歴史的事実〃であるのだ。ある程度戦ったあと、攻撃を中止することを想定した作戦がアイタペ作戦だった。

玉砕命令ならば、重症患者を自決させたり、自決できないほど弱っていたら殺して、歩ける者はすべて出撃に参加し、敵の弾にあたって全員死ぬまで戦わなければならなかった。アイタペ作戦は、軍司令官が述べたというように、楠公精神にのっとってはいたけれども、全軍玉砕をめざしたものではなかった。

アイタペの住民と交歓するアメリカ、オーストラリア、インドネシアの将兵

こうして、安達軍司令官はアイタペ攻撃を命じるにあたって全将兵に与える訓示を示した。おそらく、それは司令部がガリ版印刷して配布したものと思われる。全文が残っている。その訓示では、すでに戦局を打開する道は望めないと述べている。それでもアイタペを攻撃すると命じて、次のように訓

示した。次はそのほんの一部だが、原文は片仮名である。漢字の一部を現代風に改めたり平仮名にし、句読点をつけた。

「本職はここに先訓を思い、さらに不屈の信念を振起《しんき》し、全軍あい率いて皇軍《こうぐん》の独特の本領発揮に邁進《まいしん》し、もって国史の光栄にそわんことを期す。しこうしてその道たるや、要地確保持久と敵戦力の破摧《はさい》下に存するといえども、国軍諸般の形勢を按《あん》ずるに、これを戦略戦術的に解決すべき合理的万全の方策を求め得ず、本職はこの難局に処する方策を皇軍多年の鍛錬にかかる軍人精神の教える道に求めんとす」

（傍点引用者。前出『戦史叢書　南太平洋陸軍作戦〈5〉』）

要するに、すでに合理的な戦略や戦術も見出せないので、合理的な命令ではないかもしれないが、長年鍛えてきた軍人精神の教える道（これが楠公精神だ）にしたがって攻撃を命令する、と訓示したわけである。

こうしてアイタペ作戦は開始されたが、結局、二十四日間戦って、八月三日攻撃中止命令を出した。この戦いで約一万五〇〇〇人（うち戦死は約八〇〇〇人）が死傷した。負傷者も、まともな医療施設がなかったので、大部分が死んでいったことだろう。

こうして第一八軍ははじめてジャングルに入り、現地住民の協力を得ながら自活の道を歩み始めた。考えようによっては五万五〇〇〇人は無理だが、四万人か三万人ならばなんとか自活できるだけの食糧自給生産エリア（主としてサゴ椰子の栽培）の余裕が生まれたということであろうか。

東部ニューギニアで戦われた最後の大規模作戦「アイタペ作戦」はそんな戦闘だった。アイタペの東側にドリニュモール川が流れており、日本軍はそれを板東河《ばんどうがわ》と名づけていたので、板東河の戦いともいう。

第一八軍はその後自活しながらときどき遊撃戦を実施し、消耗を続けた。自活とはいっても食糧は豊富とはいえず、飢餓状態が続いたが、アイタペ作戦から一年後の敗戦直前、ついに安達軍司令官は今度はほんものの玉砕命令を発した。しかし、その日を待っているうちに日本が正式に降伏した。残存将兵は約一万三〇〇〇人というが、その後も体力を回復させられないまま戦没した者が多く、生還者は一万人を切っていた。安達軍司令官は捕虜収容所内で自決した。

第4章

日本陸海軍、最後の決戦をめぐる謎

シブヤン海でアメリカ空母艦載機の攻撃を回避する戦艦「武蔵」。武運なく、まもなく撃沈された

第1話◉〝謎の反転〟はどこまで謎だったか

レイテ湾突入に出撃した栗田艦隊は、湾口間近で突然反転した

レイテ海戦と栗田健男中将

レイテ海戦のレイテはフィリピンのレイテ島のことである。そのレイテ島東海岸のタクロバンに、マッカーサー大将が指揮するアメリカ軍が上陸を始めたのは、一九四四（昭和十九）年十月二十日だった。

アメリカの植民地だったフィリピンは、戦争初期に日本軍が占領した。最初の大規模な戦場は、むろん、マニラが位置するルソン島である。日本軍はそこの米比軍（アメリカ駐屯軍とフィリピン軍）を追い出し、あるいは大量に捕虜とし、占領した。フィリピン全域を完全占領するには少し時間がかかったが、ともかくフィリピンは日本の占領するところとなった。

それを奪い返しにやってきたのが、レイテ島に上陸したアメリカ軍である。指揮

官マッカーサー大将は、初期に米比軍の総指揮官として日本軍と戦ったが、米大統領の命令で戦い半ばでフィリピンを脱出しオーストラリアに到着した。その後、必ずフィリピン奪還をおこなうと決意し、米大統領とたびたび衝突しながらも、年来の願望を達成する第一歩となるレイテ島上陸を果たしたのである。

マッカーサーは日本軍の手薄なレイテ島に兵站《へいたん》を築き、本命であるルソン島をめざす作戦をとったのだ。

これにたいして、日本軍はさまざまな対抗策をとった。その一つが、レイテ湾に艦隊を殴りこませ、そこに集まっている米艦船群と撃ち合い、刺し違えることだった。

戦艦や重巡洋艦などで殴りこみ、敵艦群と刺し違えるとは、まるで古代ローマ時代のような海戦を想像させる。しかし、当時の日本海軍には戦える空母艦隊がなくなっていたので（マリアナ沖海戦で壊滅）、戦争を続行するには、航空援護なしの艦隊殴りこみぐらいしか手段が残されていなかった。

作戦には、当時まで生き残っていた戦艦九隻（開戦当初一二隻）、重巡洋艦一三隻（開戦当初一八隻）すべてが投入された。

その殴りこみ作戦の総指揮官が栗田《くりた》健男《たけお》中将だった。

とはいえ、栗田中将が全艦隊をすべて率いたわけではない。

艦隊は四つに分かれていた。そのうち三個艦隊がレイテ湾へ直接殴りこみをはかる部隊だった。もう一個の艦隊は空母四隻・飛行機一一六機を伴っていたが、空母艦隊とは名ばかりであった。アメリカ空母機動艦隊をおびき寄せ、攻撃させる。その間に他の艦隊がレイテ湾に殴りこむという計画で、空母艦隊はいわば囮《おとり》の艦隊だった。空母の航空部隊は搭乗員の未熟さから（たとえば空母から離陸はできても着艦ができない）、他の艦隊を守るなどという任務はとても果たせないのだった。

さて、栗田中将が率いた艦隊は、巨大戦艦「大和《やまと》」「武蔵」を含めて、戦艦五隻、重巡洋艦一〇隻のほか、軽巡洋艦二隻、駆逐艦一五隻と最も大きな艦隊だった。

第２艦隊司令長官・栗田健男中将。レイテ海戦で第１遊撃部隊第１・第２部隊を率いて出撃した

栗田艦隊は、ボルネオ島（今のカリマンタン島）のブルネイを出てシブヤン海に入り、サンベルナルディノ海峡を抜けて太平洋に入り、南下してレイテ島へ向かうコースをとった。

ところが途中で戦闘を二回も余儀なくさ

フィリピンの内海シブヤン海でアメリカ空母艦載機の攻撃を受ける戦艦「大和」

れた。最初はシブヤン海に入ったところで、米空母航空部隊につかまった。空からの一方的な攻撃で、戦艦「武蔵」が沈没した（一九四四年十月二十四日）。これがシブヤン海海戦である。攻撃が終わって、栗田艦隊はサンベルナルディノ海峡を抜けて太平洋に出た。

ところがそこで米護衛空母艦隊と遭遇し、ふたたび戦闘となった。護衛空母だから航空部隊による攻撃力はそれほどでもなかったが、広い範囲で砲戦や魚雷戦が約二時間続いた。栗田艦隊は重巡三隻と駆逐艦一隻が沈没した（十月二十五日）。これがサマール沖海戦である。サマール島の東沖合が戦場だったからだ。

栗田長官、「艦隊、面舵《おもかじ》一杯、北進」を命令

栗田艦隊はサマール沖海戦のあと、隊列を整えレイテ湾へ向かった。兵力は「大和」を含む戦艦四隻・重巡二隻・軽巡二隻・駆逐艦八隻となっていた。連日の海戦で乗組員も疲労の度が高かった。

午後零時三十分、栗田艦隊はレイテ湾まで約八〇キロの地点に進出した。いよいよレイテ湾突入間近であった。

しかし、このとき突然、栗田長官は「艦隊、面舵一杯、北進」と命令した。面舵とは右へ舵をとることである。それは明白に「突入中止、反転して北へ向かえ」という内容を示していたのだ。そばにいた幕僚たちはあっけにとられて、方向が違うとして反対したが、栗田は命令を撤回しなかった。

これが〝謎の反転〟と呼ばれるものである。なぜ、栗田は予定どおりにレイテ湾へ向かおうとしなかったのだろうか。

戦後栗田は、「スルアン島（レイテ湾口にある小さな島）灯台の五度一一三カイリ（約二〇九キロ）にあると報ぜられた敵空母群」を攻撃しようとして、反転したとされる。しかし、現実にはそこには米空母部隊はいなかったのである。栗田艦隊はレ

シブヤン海を抜けて太平洋に出たとたん、アメリカ護衛空母部隊に遭遇、海戦が始まった（サマール島沖合なので、サマール沖海戦という）。この海戦のあと、栗田艦隊はレイテ島に向かった

イテ湾突入の機会をふたたび得ることなく、サンベルナルディノ海峡を西に進み、ブルネイに帰還した。

北方に米空母艦隊がいると知らせた電報は存在するのだろう。もちろん、そういう情報は連合艦隊司令部からの電報に拠っているはずだが、それを証明するような直接の電報は発見されていない。

では、栗田長官は何を基準にそういう反転を命じたのか。

「『敵機動部隊』は結果的には虚報であったので、栗田は北方に『逃げた』とする説があるが、それは正しくない。情報が実在したことはかなりの史料で確認できるし、栗田はハルゼー艦隊（米機動部隊。ハルゼーはその指揮官）に囲まれていると信じていたのであるから、北行が必ずしも『安全』とは言えない状況判断であったはずである」（野村実『海戦史に学ぶ』文春文庫）という見方もできるようだ。

栗田長官は、レイテ湾に突入すれば自分たちの艦隊を囲んでいる敵機動部隊の絶好の餌食になると思ったと言い、しかもレイテ湾泊地に関する情報がまったくなかったと、報告したという（戦闘詳報）。

次のような見方もある。

「栗田中将が、（略）二十五日朝、サマール島東方の海上にまで進撃していながら、レイテ突入を止め北に反転したことは、誤った判断、処置であったかもしれない。だが、連合艦隊命令には『……タクロバン方面ニ突入先ス敵所在海上兵力ヲ撃滅次デ攻略部隊ヲ撃滅スヘシ』とある。

（サマール沖海戦という）戦闘の行われたのはタクロバン方面ではない。だが遭遇した、敵、所在海上兵力は、間違いなく主敵、空母兵力である。栗田艦隊司令部は、護衛空母を、正規空母、エンタープライズ型と見誤っている。だが、これを絶滅せんと判断し、行動したことは、決して命令違反ではない」（吉田昭彦「レイテ海戦に見る不合理と矛盾　戦う方策を失った連合艦隊の窮余の挑戦」『別冊歴史読本』戦記シリーズ50「連合艦隊全戦史」特集号所収　二〇〇〇年五月　新人物往来社）

この栗田の〝謎の反転〟は戦後さまざまな憶測を呼んだ。惜しかったという声も少なくなかった。そういう評価を踏まえて、野村実は次のように書いている。野村は当時海軍中尉で軍令部作戦室で、作戦記録係として、栗田艦隊の動きを刻々と記録していた。栗田の反転命令も即座に記録されたが、この栗田の独断専行が連絡されると、「伊藤（整一）軍令部次長は『北に行ってはいかんね』と不満げであった」（野村実「『武蔵』の最期と『大和』の奮戦」『別冊歴史読本』戦記シリーズ43「戦艦大和と武蔵」特集号所収　一九九八年十月　新人物往来社）という。

その野村は次のようにも総括している。

「（栗田艦隊が）レイテ湾に突入すれば、敵第七艦隊との戦闘は百パーセント確実なのであり、サマール島沖海戦に続くこの『レイテ湾口海戦』に対する潜在的な恐怖心があったことは、栗田が自覚していたと否とにかかわらず、否定できそうにない。

レイテ湾に突入すれば輸送船団を壊滅させて、大戦果が挙がったとの説もあるが、これも誤りである。栗田は船団に取りつくまでに、戦艦六隻を含む敵と『レイテ湾口海戦』を戦わねばならないのであり、レイテ湾東方にはまだ健在な一〇隻の護衛空母を持って制空権を握っていたアメリカ第七艦隊に、栗田艦隊が打倒されたことは確実なのである。

栗田は敵の制空権下にあって、陣形を組んで砲戦を行うことができず、栗田艦隊はほぼ全滅し、約二万名の軍人のほぼ全部が戦死したであろう。

その方が、日本海軍の最期を飾るのにふさわしかったのであろうか」と。

第2話◉〝上陸軍は敗残部隊〟で始まったレイテ決戦

海軍の〝台湾沖航空戦の大戦果〟を信じ通した大本営陸軍部と南方軍

台湾沖航空戦とレイテ決戦

レイテ決戦（一九四四年＝昭和十九年十月二十日〜終戦）は、フィリピンのレイテ島に上陸したアメリカ軍を全滅させようとして戦った日本陸軍の戦いである。

結果から言えば、レイテ島の日本軍は大敗した。戦死者は八万人、レイテ島へ輸送船で渡る途中、米軍機に攻撃されて沈没したケースを含めると、九万人という。

レイテ決戦は準備なしに始められた決戦だった。なぜなら、レイテ島に上陸したアメリカ軍は敗残部隊であるという前提があったからである。なぜ敗残兵と思ったのか。それはその直前に海軍がおこなった台湾沖航空戦（十月十二日〜十六日）において、米空母機動部隊（空母一二隻を含む）を壊滅したという大々的な戦果発表を信じたからである。

陸軍はもともと、ルソン島でアメリカ軍と決戦しようとして準備していた。しかし、敗残部隊がレイテ島に上陸したと考えて、レイテ決戦に変更になったのだ。

ところが、台湾沖航空戦の大戦果は〝真っ赤なウソ〟〝全くの間違い〟であり、米空母機動部隊は無傷で健在であると、大戦果を発表した当の海軍が気づいたのは、大戦果発表の一週間後であった。

ところが、海軍は誤報であったとはどこにも知らせなかった。米空母機動艦隊壊滅の報道は全国民を興奮させ、小磯国昭《こいそくにあき》首相（予備役の陸軍大将）は祝賀大会で「勝利はわれらの頭上にあり」と叫んでいた。全国各地では祝賀提灯行列がくりひろげられていたから、誤報である、ウソであるとは言い出しにくかったのであろうか。もちろん、天皇も大喜びで「御嘉賞のお言葉」を出していたので、なおさらだったに違いない。

しかし海軍はそのことを、ともに戦っている陸軍にもいっさい知らせなかったのだ。ここがホントに不思議なところであり、謎でもある。陸軍はそれとは知らず、米太平洋艦隊が壊滅したという前提で作戦を変更した。それがレイテ決戦だったのである。

「とにかく、決戦準備をしていない所に八万四〇〇〇名という大兵力を投入し、装備も補給も行わず、九五パーセントの八万名近い戦死者（その大部分は米軍の砲弾による）を出してしまった。海軍も（※一九四四年）十月二十日頃までには、（※台湾沖航空戦の）戦果の誤報を知っていたのであるから、一言、陸軍に告げるべきであった。

一言の情報不足から八万名近い損害を出したのは、実に残念なことであった」（長峰秀雄「レイテ島の攻防」『歴史と旅』臨時増刊号50「太平洋戦史総覧」特集号所収　秋田書店。カッコ内※は引用者）

出撃する攻撃部隊。台湾沖航空戦で

こう書いている長峰氏は、自身、第一師団歩兵第五七連隊の大隊長としてレイテ決戦を戦い、辛うじて生還した一人だ。もともとはルソン決戦に備えて準備中だったのを、師団ごと急にレイテ島へ派遣されたのである。氏は戦後、防衛大学校教授もつとめた人物である。

どうして海軍は陸軍に真相を伝え

アメリカ機動部隊を求めて進撃する日本の攻撃部隊。手前の飛行機は魚雷を抱えているのがよく見える。台湾沖航空戦で

なかったのか。

陸軍・海軍はもともとは日本軍ではあったがまったくの別組織で、対立していたからである。陸軍・海軍が対立反目し合うのはどこの国でもあったが、戦争の真っ最中に、陸軍の戦いが不利になるとわかっていながら、肝心の情報を伝えず、知らん顔をしているほど、日本の陸軍と海軍は仲が悪かったのだ。

組織的にも陸海軍を統括するポストがなかった。陸軍も海軍も直接天皇につながっていた。だから天皇自身が陸海軍の作戦を統合し、勝つために、あるいは大負けしないために協同させる必要があったのだろうが、それを期待するのはきわめて非現実的であった。天皇にはもともとそういう作戦の調整役が期待されていなかったからである。「ケンカせずに協力してやれ」ぐらいのことは言ったかもしれないが、それ以上のものではなかったのである。

陸軍の一部は〝大誤報〟に気づいていたが……

では、陸軍では海軍の発表をホントに全面的に信じていたのだろうか。

いや、ごく一部の軍人は信じていなかった。そして、信じていなかった軍人の一人がフィリピン防衛軍の最高指揮官だった山下奉文《やましたともゆき》大将（第一四方面軍司令官）だったのは二重の悲劇だった。

最初に大きな疑問を持ったのは大本営陸軍部（参謀本部と同じと考えて良い）の情報参謀堀栄三《ほりえいぞう》少佐である。

堀少佐は最初から大戦果に疑問を持った。そして、出撃して生還していたパイロットたちに「どうして撃沈とわかったか」と、率直な質問をぶっつけ、分析した。その結果をもとに「この戦果は信用できない。いかに多くても二、三隻、それも航空母艦かどうかも疑問」と結論した。これは情報部長（参謀本部第二部長）に報告した内容という（堀栄三『大本営情報参謀の情報戦記』文藝春秋）。

だが、情報部長の一存では、海軍が公式発表した戦果に正面切って疑問を述べることはためらわれたようだ。この問題は公式には取り上げられなかった。

その直後、フィリピンの第一四方面軍司令部に転属となった堀少佐は、山下軍司令官に同様の報告をおこなった。山下の幕僚たちはその意見に猛反対したが、山下大将だけは、「現に今、この上を艦載機が飛んでいるじゃないか?」と幕僚たちに念を押して堀少佐の報告に同意したという。空母部隊が全滅したのなら、その空母から飛び立つはずの艦載機がフィリピン上空を飛び回れるはずがない。

それから間もなく、大誤報であるという〝決定的証拠〟があがった。撃墜されて捕虜となった米パイロットの証言が得られたからである。堀少佐はこう書いている。

「ところが、それから間もなく重要な情報が憲兵隊から電話報告された。

撃墜艦載機から落下傘降下した米軍パイロットの尋問の結果、現在ルソン島を空襲中の米航空母艦は正規空母一二隻で、その艦名も全部判明した。米軍兵士はこんなとき意外にはっきりと白状するようだ。この憲兵隊情報には、作戦室の参謀一同、粛として声がなくなってしまった。(中略)堀の情報的勘がやっと数字で立証された。大本営海軍部の発表は全くの誤りで、山下将軍に最初から報告した通り米空母一二隻は健在だったのである」(前出『大本営情報参謀の情報戦記』)

しかし、ここまで判明しても参謀本部は認めなかった。だから、「情報参謀が誤報だと言っているが、本当はどうか」と海軍側に問い合わせることもなかったのである。問い合わせたとしたら、さすがの海軍も大誤報であったことを隠さなかったかもしれない。いや、筆者は自信はない。あくまで大戦果を誇示して虚勢をはった可能性もある。

山下将軍はその上級者である南方軍総司令官寺内寿一《てらうちひさいち》大将・元帥の命令に従う立場である。

レイテ決戦となり、レイテ島に兵員を送る日本の輸送艦船は、アメリカ軍機の餌食となった

山下将軍は寺内元帥からレイテ決戦を命じられたとき、ルソン島で決戦をやりたい、レイテ島への部隊は敗残部隊ではない、米空母は健在でレイテ島への部隊輸送も難しい等々をあげ、「できません。戦力が足りません。制空権がありません」と反対した。

どうなったか。

攻撃され、沈没した第11号海防艦。
1944年11月10日レイテ島オルモック湾

「――記録によれば、十月二十日の真夜中（というより二十一日午前）に山下大将、西村参謀副長、朝枝参謀が総軍司令部（南方軍総司令部のこと）に電話でよばれてかけつけたとあります。このときにレイテ決戦への変更を命ぜられたわけですか。

朝枝　そうだったと思う。こっちは手をつくしてレイテ決戦に反対の意見具申をするのだが、ついに総司令部はこういったね、『元帥は命令する』と、この鶴の一声で一件落着。水戸黄門の印籠でね、万事終り。さすがの山下大将も『ハァーッ』と一言あったのみです。

それからマッキンレー（ケソン市内）の、今のアジア開発銀行のあるところの第十四方面軍司令部に帰ったんですが、ぼくは山下大将に言いましたよ。『湊川《みなとがわ》の楠正成《くすのきまさしげ》の合戦ですなぁ』とね。みすみす討ち死にすると覚悟してやるようなもので、『レイテ決戦』と名前ばかりは勇ましいが、掛け声ばかりで、『必要とする戦力を決戦の時、所に一挙に集中発揮すべし』とする用兵の第一原則を無視した必敗覚悟の作戦指導となったわけです」(「座談会　比島決戦を誤らせたもの」における朝枝繁春・当時第一四方面軍参謀の証言『歴史と人物』昭和六十一年夏号　中央公論社)。

こうして、レイテ決戦が強行され、八万から九万の将兵が命を落とした。

ルソン島決戦をやっても同じだったろう、と言えば身も蓋《ふた》もないが、指揮官には正確な情報に基づいて無駄な戦死者を出さない戦いをおこなう責任がある。海軍はその責任を果たさなかった。陸軍中央部もその責任を果たさなかった。責任の所在は敗戦によって雲散霧消した形であり、今日、いったいだれが責任をとるべきか、問うべき術も残されていない。しかし、問い続けなければ戦死者は浮かばれまい。

第3話◉特攻は何のために始まったのか

天皇の「もう戦争はやめよう」に賭けた大西中将の真意をめぐって

もはや、講和するしかないが、誰も言い出せない

特攻は、一九四四(昭和十九)年十月二十一日、フィリピンの戦場ではじめて実施された。マニラに司令部を置いていた第一航空艦隊(基地航空部隊。空母はない)のゼロ戦部隊が、神風《しんぷう》特別攻撃隊と命名されて、フィリピン周辺の空母や戦艦などをめがけて、爆弾を積んだまま体当たりを敢行したのである。

もうそれしか攻撃の方法がなかったからである、といわれている。

結果的には、それ以降、海軍航空隊でも陸軍航空隊でも、特攻という異常な非常手段が日常化していく。最も数多く特攻機が出撃したのは沖縄に米軍が上陸したあとである。有名な知覧《ちらん》や鹿屋《かのや》(ともに鹿児島県)基地から、三カ月にわたり連日のように特攻機が出撃した。

第1航空艦隊司令長官・大西瀧治郎中将

ところが、フィリピンで特攻出撃を命じた大西瀧治郎《おおにしたきじろう》海軍中将（第一航空艦隊司令長官）の思惑では、特攻は早く講和に持ちこむための手段だったという話が残っている。この話はほとんど知られていないが、フィリピン特攻にも参加して辛くも生還した海軍特務少尉（一水兵から昇進して将校になった階級）角田和男《つのだかずお》氏の回想録『修羅の翼　零戦特攻隊員の真情』（今日の話題社）に詳しく書かれている。

角田氏も同書で、自分が理解していた特攻の始まりに関して、類書ではまったく触れられていないことに大きな疑問を抱いていると書いている。筆者は、それが角田氏の創作とは思わないので、ここに紹介してみたい。

その話とは、大西長官が参謀長小田原俊彦大佐に語ったことである。角田氏は他の隊員たちと、小田原参謀長が語ったという話を記憶しているわけである。

大西長官は小田原参謀長には「他言は無用」と念押しして語ったそうだが、「自分の教え子が妻子まで捨てて特攻をかけてくれようとしているのに、黙り続ける事はでき

特攻出撃直前の別れの敬礼

ない」として、語り明かしたという。

回想は長いので、その前半部分を要約してみると、およそ次のようである。

•日本の戦力から判断して、もう戦争は続けるべきではない。

•一刻も早く講和すべきだが、「連合国と講和しよう」と言い出せるのは天皇しかいない。他の者が言い出せば、憲兵につかまって殺されるだろう。皇族でも命の保証はない。

•天皇から講和を言い出してもらうには、このフィリピンで多くの将兵が体当たり特攻して命を投げ出す必要がある。

こうして、大西長官は次のように結論めいて述べたそうである。

「(特攻をすればフィリピンが防衛できるか)

これは九分九厘成功の見込みは無い。これが成功すると思うほど大西は馬鹿ではない。では何故見込みのないのにこの様な強行をするのか。ここに信じて宜《よろ》しいことが二つある。

一つは万世一系仁慈《ばんせいいっけいじんじ》を以《もっ》て統治され給《たも》う天皇陛下は、この事を聞かれたならば、必ず戦争を止《や》めろ、と仰《おお》せられるであろう事。

二つはその結果が仮にいかなる形の講和になろう共、日本民族が将《まさ》に亡《ほろ》びんとする時に当って、身を以《もっ》てこれを防いだ若者達がいた、と言う事実と、これをお聞きになって陛下御自《おんみずか》らの御仁心《ごじんしん》に依《よっ》て戦《いくさ》を止《や》めさせられたという歴史の残る限り、五百年後、千年後の世に、必ずや日本民族は再興するであろう、ということである。

陛下が御自らの御意志に依て戦争を止めろと仰せられたならば、いかなる陸軍でも、青年将校でも随わざるを得まい。戦況は明日にでも講和をしたい所まで来ているのである」

そして、こういう考え方は「海軍大臣（米内光政大将）と高松宮様（当時海軍大佐で横須賀砲術学校教頭）に情況を説明」して、基本的に了承されたことであると、つけ加えたという。

「しかしながら、よくやった」に発憤して

最初の特攻隊は敷島隊、大和隊、朝日隊、山桜隊の四チームだった。本居宣長《もとおりのりなが》の「敷島《しきしま》の大和心《やまとごころ》を人問はば朝日に匂う山桜花」から命名したといわれる。

このうち、関行男《せきゆきお》大尉が率いる敷島隊が、護衛空母「セント・ロー」を撃沈した。甲板に激突して、飛行甲板と搭載されている飛行機を壊し、数日間でもその空母が使い物にならなくなればよい、という程度の戦果を期待していたわりには、予想外の戦果であった。

海軍特攻最初の神風特別攻撃隊敷島隊長・関行男大尉

特攻の戦果はすぐ天皇に報告された。米内光政海軍大臣の報告にたいしては、「かくまでやらせなければならぬことは、まことに遺憾であるが、しかしながら、よくやった」と応じた。また、及川古志郎《おいかわこしろう》軍令部総長の報告にたいしては、「まことによくやった。攻撃隊員にたいしては真に哀惜にたえない」と答えたという。

出撃を待つ特攻機

この天皇の言葉はただちに大西長官に伝達され、全部隊にもまた伝達された。

ただ、大西長官が期待した「もう戦争は止めよう」という言葉はなかった。そして、「まことによくやった」と仰《おお》せられたのだから、現地では特攻をやめるわけにいかない、と受けとめたのである。

角田氏も、天皇の応答が現場の指揮官にどんな影響を与えたかを、エピソードを交えながら紹介している。

敷島隊を出撃させた航空隊は第二〇一海軍航空隊というが、その飛行長は中島正少佐といった。あるとき、レイテ島タクロバン（アメリカ軍の上陸地）の桟橋に体当たりを命じられた特攻隊員が、「そこには輸送船もいるんだから、空振りでもいいから輸送船に体当たりさせてほしい。いくらなんでも桟橋に体当たりするのはいやだ」と哀願するように抵抗した。

すると中島飛行長は、「文句を言うんじゃない。特攻の目的は戦果にあるんじゃない、死ぬことにあるんだ」とどなりつけたという。

またフィリピンにおける特攻作戦がいよいよ最後を迎えるとき、中島飛行長は軍刀を振りかざして次のように〝訓示〟したとも、角田氏は書いている。

「天皇陛下は、海軍大臣より敷島隊成功の報告をお聞き召されて、『かくまでやらねばならぬと言う事は、まことに遺憾であるが、しかし、よくやった』と仰せられた。よくやったとは、仰せられたが、特攻を止めろとは仰せられなかった。陛下の大御心を安んじ奉る事が出来ないのだから、飛行機のある限り最後の一機まで特攻は続けなければならぬ。飛行機がなくなったら、最後の一兵まで斬って斬って斬りまくるのだ」

角田氏はこの訓示のあとに続いて、「これは大西長官の言われる、陛下が御自らの意志で戦を止めろと仰せられるまで特攻は続けなければならないと言う話と合っていた。少なくとも二〇一空《にまるいちくう》（第二〇一海軍航空隊）の幹部は意思統一が出来て居ると思われた」と書いている。

陸軍特攻隊員と別盃する第4航空軍司令官・冨永恭次中将

フィリピン特攻の指揮を終えた大西中将は、沖縄特攻最中の一九四五（昭和二十）年五月、軍令部次長となった。このポストは全海軍部隊を指揮する軍令部のナンバー2である。上には軍令部総長しかいない。

戦局が煮詰まってポツダム宣言（日本の無条件降伏勧告書）が発せられ、原爆投下とソ連の対日宣戦を受けて、ついに御前会議（天皇臨席の最高意思決定機関）はポツダム宣言受諾を決定した。その折り大西次長は、豊田副武《とよたそえむ》軍令部総長と同様に、あくまでも本土決戦を主張した。大西の腹づもりでは、本土決戦をおこなって日本人の二〇〇〇万人も死ねば、勝てないまでもアメリカはあきらめて兵を引くであろうという見通しを述べていたという。

天皇が講和を言い出すことを願って特攻を始めたという話とは矛盾するが、少し遅すぎた天皇の決断に腹を立てたのだろうか。それとも、角田氏の記憶が間違っているのだろうか。

第4話◉戦艦「大和」の特攻出撃はなぜ強行された？

一億玉砕のかけ声のなか、あえて死に場所を与えられた五千余の軍人

〝水上部隊はどう戦うのか〟と尋ねた天皇

何回史実にあたってもわからないのが、特攻であり玉砕だ。

そのなかでもとりわけわかりにくいのが、戦艦「大和」の特攻出撃である。「大和」以下、軽巡洋艦「矢矧《やはぎ》」、駆逐艦「雪風《ゆきかぜ》」以下八隻、総乗組員は五〇〇〇人を超える。この艦隊が目的地の沖縄に到着する前に、米空母機動艦隊の餌食となって全滅することは覚悟のうえで、出撃させ、また艦隊自身も出撃していったのだ（一九四五年＝昭和二十年四月六日）。沖縄本島にアメリカ軍が上陸して六日目のことである。

大本営は沖縄の戦いを、第一には沖縄防衛軍である第三二軍にまかせた。援護の計画はなかった。余力がなかったからである。沖縄の戦いの間、アメリカ軍の本土上陸に備えて、準備するつもりだった。準備期間が長くなるように、第三二軍には

全速疾走の戦艦「大和」

早めに玉砕などせずに、できるだけ長く戦うように言い含められていた。

増援部隊は計画されなかったが、陸海軍の航空部隊が主として九州から特攻機を飛ばし、沖縄周辺に集まっていた米機動艦隊に体当たりすることになった。地上戦の援護にはならないが、アメリカ軍をあわてさせ、日本本土上陸の決意を鈍らせるかもしれないと考えたのだ。

沖縄特攻は、形のうえでは陸軍航空隊も連合艦隊司令長官・豊田副武大将の指揮下に入ることになった。そこで、軍令部総長及川古志郎海軍大将が天皇に会い、航空特攻計画を説明したのである。

説明が終わったところで、天皇が質問した。「海軍にはもう艦《ふね》はないのか。海上部隊はないのか」と。

及川総長はびっくりし、かつ恐懼《きょうく》（恐れかしこまること）した。それが、「水上部隊は何をしているのか」「水上部隊は何もしないのか」というようなお叱りに聞こえたからである。及川大将は軍令部に戻ると、幕僚たちに天皇のお言葉を伝え、自分が感じたままの話をした。

この話はすぐに連合艦隊司令部にも伝わった。そして非常に敏感に反応した者がいた。先任参謀で作戦計画に責任を持っていた神重徳《かみしげのり》大佐である。

神参謀は、「大和」を沖縄に出撃させ、その周辺の米艦船を撃ちまくり、最後には海岸に乗り上げて将兵を島に上陸させ、陸兵として戦わせることを立案した。もちろん、すでに作戦に使えるような空母はなかったから、航空援護なしの出撃である。

まさに破れかぶれの作戦だったが、豊田長官も了承した。成功の算は半分以下で、勝ち目のない作戦をおこなうのは苦痛だが、多少でも算があればなんでもしなけれ

連合艦隊参謀・神重徳大佐

第２艦隊司令長官・伊藤整一中将

連合艦隊参謀長・草鹿龍之介中将

ば、と思ったという（戦後の回想）。

この「大和」出撃案は、参謀長の草鹿龍之介中将も知らなかった。特攻基地鹿屋に出張していたからだ。

ところが、「大和」を率いる伊藤整一中将（第二艦隊司令長官）はこの作戦に反対した。出撃命令に反対するなど、抗命罪《こうめいざい》ものである。軍隊ではあり得ない話である。それだけに、その作戦には応じられないとするのはよくよくのことである。それほど「大和」出撃作戦は無茶苦茶な内容だったということだ。海軍始まって以来の、現場からのクレームだった。

連合艦隊司令部では、特攻基地・鹿児島県鹿屋出張の草鹿参謀長に、伊藤長官の説得を要請した。草鹿中将は自分の知らない間に決まった「大和」出撃を聞いて、内心反対だったというが、役目柄引き受けた。いっしょに出張していた参謀・三上作夫中佐とともに、瀬戸内海の「大和」を訪ね、伊藤長官に会い、膝詰め談判した。

伊藤長官はそれでもなかなかウンと言わなかった。

納得ずくの（？）死に場所探し

そこで三上中佐は、神先任参謀から電話で聞いて承知していた作戦内容の細部、すなわち、「最後には（米軍の）沖縄上陸正面に突入、陸上に切り込む計画」であると、そのせっぱ詰まった連合艦隊司令部の決意を説明した。そして、「どうか一億総特攻のさきがけになってもらいたい」と懇願したのである。

その言葉を聞いた伊藤長官は、なんと、一転して「わかった」と了承したというのである。おそらく伊藤長官は、航空機が生還を期さない特攻をおこなうこととまったく同じであるということを、はじめて納得したわけであろう。特攻ならば、戦果云々《うんぬん》はまったく別物であるという考え方が広く浸透していたことをうかがわせる。それにしても一回で五〇〇〇人を超す軍人がそろって死ぬために特攻に赴くのである。

草鹿参謀長は、出撃予定の艦長や参謀を集めて、「大和」出撃の〝説明会〟をおこなった。これもまた当時の軍隊としては異例であった。本来ならば、伊藤長官が命令を伝えて終わりであるはずだ。

ところが異変はその説明会でも起こった。「大和」艦長有賀幸作《ありがこうさく》大佐は何も言わなかったが、他の艦長らは口々に無謀であり、無益であると言って、作戦に反対した。

「東郷元帥を見よ。ネルソンを見よ。豊田長官も穴から出てきて、われわれを直接指揮してもらいたい」（第二一駆逐隊司令小澤久雄大佐）。〝穴〟とは、連合艦隊司令部が入っていた横浜の日吉台防空壕（今の慶應義塾大学構内）を指している。

「途中で必ず撃沈される作戦には、同意することができない。国民の財産をこのような方法で浪費することには、絶対反対である」（駆逐艦「朝霜」艦長・杉原與四郎中佐）

「この作戦で死所は得られない。われわれは敵が本土に上陸したとき、刺し違えて死ぬべきである」（第七駆逐隊司令・新谷喜一大佐）

彼らは口々に出撃に反対した。

ところが、最後に伊藤長官が起ち上がって、「諸君、われわれは死に場所を与えられたのだ」と発言するや、それなら何をか言わんやとばかり、全員が納得したというのだ。本当の〝特攻出撃〟であることが、やっとわかったのである。死んでくれとおっしゃるのか、それなら死んで見せましょう、かねてから覚悟はできている、ということだったのだろうか。

それにしても、五〇〇〇人以上がこぞって死出の旅立ちをするとは、どう考えても無茶苦茶すぎる。しかし、おもだった指揮官・参謀がそれを受け入れたのである。

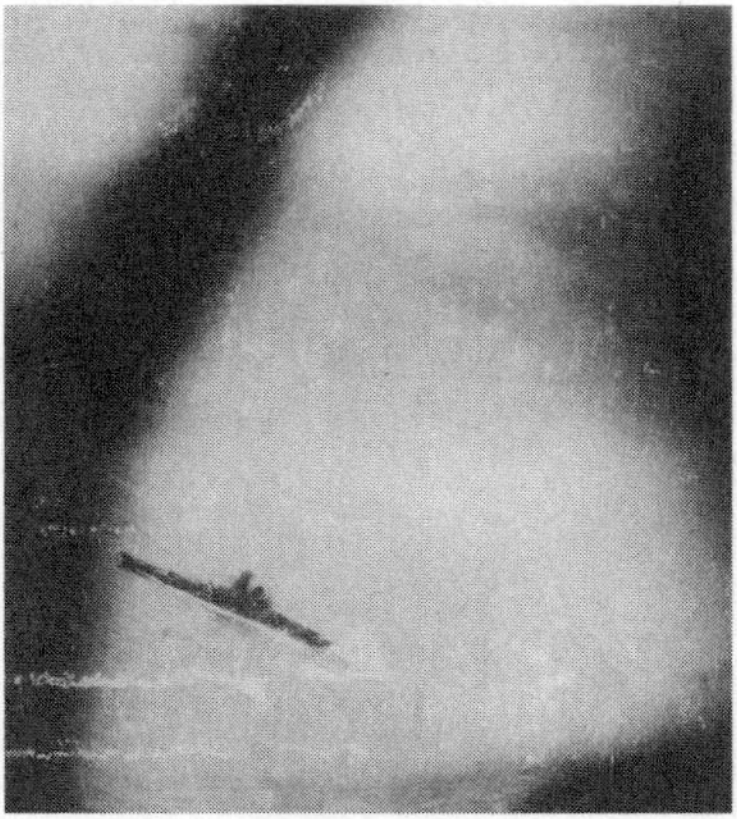

アメリカ空母艦載機に攻撃される戦艦「大和」。このあと撃沈された

出撃した「大和」特攻艦隊は、予想どおり米空母艦載機につかまり、駆逐艦四隻を残して撃沈された（四月七日）。戦死者は三七二一人。そのうち「大和」の戦死者は乗員三〇〇九人中二七三三人という。

生き残った駆逐艦は海中に漂う同僚を救助した。が、時間にもかぎりがあった。救助艇もでたが、収容人員にかぎりがあった。すくい上げられない者は見限るしかなかった。
「ここに艇指揮および乗組下士官、用意の日本刀の鞘を払い、犇《ひし》めく腕を、手首よりバッサバッサと斬り捨て、または足蹴《あしげ》にかけて突き落とす。すでに救助艇にある者を救わんとの苦肉の策なるも、斬られるや敢えなくのけぞり墜ちてゆく、その顔、その眼光、瞼《まぶた》より終生消え難《かた》からん」（吉田満『戦艦大和ノ最期』）

こんな「大和」特攻など、後世の者が簡単に理解できてたまるかという思いが、筆者にはある。永久に謎であり、なぜそのような特攻がおこなわれなければならなかったのか、何回も、くりかえし、問い続けていくべき事件ではなかろうか。

（本稿は以下の文献を参考にした。①デニス・ウォーナー、ペギー・ウォーナー、妹尾作太男著『ドキュメント神風』徳間文庫 ②三上作夫「大和特攻作戦までの経緯」『丸 別冊』「最期の戦闘」特集号所収 潮書房 ③野村実「なぜ『大和』は沖縄へ出撃したのか」『別冊歴史読本』戦記シリーズ18「沖縄・日本軍最期の戦い」特集号所収 新人物往来社 ④吉田俊夫『特攻 戦艦・大和』R出版 ⑤太平洋戦争研究会編・森山康平著『図説 秘話で読む太平洋戦争2』河出書房新社）

第5話◉引き揚げられた「紫電改」は誰のもの？

最後の本土防衛“大空中戦”を戦ったパイロットたちの誇りと哀惜

本土防衛の切り札、陸上戦闘機「紫電改」

一九四四（昭和十九）年十二月二十五日、四国松山基地で、新鋭の陸上戦闘機「紫《し》電改《でんかい》」を主力とする第三四三海軍航空隊（以下三四三空《さんよんさんくう》と記す）が編成された。司令は、真珠湾奇襲作戦を企画立案したメンバーの中心人物である源田実《げんだみのる》大佐。源田は、数少なくなっていた歴戦の搭乗員を各部隊から引き抜いて、太平洋戦争末期の戦闘機隊としては、最も高い練度を持つ部隊をつくりあげた。

紫電改とは最初に紫電という戦闘機がつくられ、それの改良型という意味である。

紫電改を擁した三四三空は、翌年（一九四五年＝昭和二十年）三月から八月の終戦までの約半年間、主に四国、九州方面に来襲する米軍機を相手に激しい空中戦を展

海軍の局地戦闘機「紫電」

開、何度も大きな戦果をあげた。

しかし、激戦に次ぐ激戦で、基地も松山から鹿屋、国分（以上鹿児島県）、大村（長崎県）と転戦、その間、搭乗員、機材の消耗も激しいものがあった。

終戦からわずか三週間ほど前の七月二十四日、四国土佐沖の米空母機動部隊を発進した戦爆《せんばく》連合（戦闘機と爆撃機）約五〇〇機の編隊が、豊後水道を北上、呉方面に侵攻した。その報に接した三四三空は、全力をあげてこれを迎撃すべく、可動全機の紫電改が大村基地を発進した。

しかし、可動機といってもわずか二一機しかなかった。半年前の三分の一である。

だが、敵の大編隊に立ち向かう二一人の若きパイロットたちの戦意は旺盛だった。

「敵が五〇〇機と聞いても、不思議にこわいとかおそろしいという気持はありませんでした。命のやり

「紫電」の改良型「紫電改」

とりというものは、何回経験してもこわいものですが、いざ敵とやりあうときは、こわさが吹き飛んでいつのまにか無心になるんです。妙なものですね」と語ってくれたのは、山田良一大尉（福岡・戸畑中学から海軍兵学校七一期）である。

二一機を率いる指揮官は鴛淵孝《おしふちたかし》大尉。長崎県は五島列島小値賀島の出身で、長崎中学から海軍兵学校（六八期）に進んだ。部下から厚い信頼があり、温厚篤実を絵に描いたような人柄であったが、ひとたび戦闘となれば、闘志のかたまりとなって戦う空の勇士であった。

高度六〇〇〇メートル、晴れ渡った夏空のなかを、二一機の紫電改は編隊を組んで戦場へ急いだ。地上から「敵編隊は豊後水道を南下中」との連絡が入ると、鴛淵大尉は列機《れっき》を率いて豊後水道の上空に出た。四国西端に細長く延びる佐田岬の上空にさし

「紫電改」の出撃

かかったころ、山田大尉は黒いゴマ粒を散らしたような無数の敵編隊を視界にとらえた。

会敵の模様を山田大尉は次のように語る。

「敵は呉方面の爆撃を終えて、四国沖の母艦に帰投中のもので、上空のわれわれに気がつかないのか、ゆうゆうと編隊を組んで南下していくんです。三〇機あまりの編隊が一つの梯団《ていだん》となって、わずかの間隔をおいて次々とやってきました」

いかに精強を誇る三四三空でも、わずか二一機では、まともに立ち向かっては勝ち目はない。

そこで、後続の梯団との間隔が比較的あいている一つの梯団を目標に定めて攻撃し、後続部隊がやってこないうちに素早く引き揚げるという戦法がとられた。

指揮官鴛淵大尉は、後続の梯団との間隔が若干開いている一梯団に狙いをつけて、敵編隊のほとんど真上に占位《せんい》すべく自身の編隊を誘導した。

敵編隊との高度差は約三〇〇〇メートル、こちらが絶対優勢である。ジリジリと敵編隊との間合いを詰めていった次の瞬間、鴛淵隊長機の機首が下がった。列機も次々と隊長機に続き、高度六〇〇〇メートルからの急降下攻撃が始まった。

空戦は、味方に有利な状況で始まり、紫電改があちこちで優位な上方に位置して戦っている光景が見られた。

しかし、まもなく敵の後続の編隊が支援に駆けつけ、いつしか空戦は敵味方入り乱れた乱戦の様相を呈してきた。

山田大尉は、いつの間にか鴛淵隊長機と離れてしまい、戦闘の合間をぬって隊長機を探したところ、胴体に二本の線が入った隊長機が目に入った。隊長機には初島二郎上飛曹《じょうひそう》（上等飛行兵曹）の三番機がピッタリとついていた。初島上飛曹の日ごろの実力を知る山田大尉は、「初島がついているから大丈夫だろう」と思った。

その間にも、山田大尉のまわりには敵味方の戦闘機が目まぐるしく飛び交い、山田大尉は敵機を照準に捉えては機銃を撃ち続けた。

そしてふたたび鴛淵隊長機のことが心配になりあたりを見渡すと、今度はかなり離れたところで格闘している隊長機と初島機がチラッと見えた。

「深追いしなければよいが……」と、一瞬思ったものの、山田大尉自身もいつのまにか四機のグラマンF6Fヘルキャット戦闘機に囲まれていた。夢中になって機銃の発射把手を握り続けた。

しかし、山田大尉にとって、その時が鴛淵隊長機と初島機を見た最後となった。

無念、六機の未帰還機

空戦は十分から十五分程度で終了した。

山田大尉はヘルキャットの包囲を振り切ったあと、燃料や機銃弾が心細くなったので、戦闘空域を離脱、大村基地に帰投した。

帰還した搭乗員の戦果を集計すると、撃墜機は一六機にのぼった。有利な態勢で空戦を開始できたことが大きかったのだ。

五〇〇機のなかの一六機とはいえ、久しぶりの〝勝利〟であった。三四三空はこれまでにも感状《かんじょう》や祝電など、数々の表彰を受けてきたが、この日の戦闘に関しては特に天皇より御嘉賞のお言葉を賜った。最高の名誉であった。隊員一同の感激はひ

アメリカの艦上戦闘機グラマンＦ６Ｆヘルキャット

としおだった。

しかし、勝利の陰に味方にも六機の未帰還機があった。そのなかには三四三空の至宝とされた鴛淵大尉と歴戦の古強者武藤金義少尉が入っていた。

武藤少尉は横須賀航空隊時代に、紫電改一機でヘルキャットと戦い、四機撃墜したことがあった。以来、〝空の宮本武蔵〟と讃えられた空戦の達人であった。未帰還パイロットのなかではただ一人の妻帯者で四カ月の女の子がいた。

六人の未帰還パイロットと出身県、年齢を掲げておこう。

鴛淵孝大尉　長崎県・二十五歳
武藤金義少尉　愛知県・二十八歳
初島二郎上等飛行兵曹　和歌山県・二十二歳
米田伸也上等飛行兵曹　熊本県・二十歳

溝口憲心一等飛行兵曹　広島県・二十一歳
今井進一等飛行兵曹　群馬県・二十歳

さて、終戦から三十四年が過ぎた一九七九（昭和五十四）年七月二十四日、愛媛県愛南町久良湾の海底四〇メートルに眠る一機の紫電改が、ほぼ原形をとどめたまま引き揚げられた。

海中から姿を現した紫電改には、貝類や海草が一面に付着しており、赤茶けた機体のいたるところが破損していた。ただ、搭乗員の遺骨はもとより、遺品らしいモノは何一つ見当たらなかった。

この紫電改は、地元の人の証言により終戦の年の七月二十四日に、久良湾に不時着したものとわかった。つまり、この紫電改は、先に述べた豊後水道上空の空戦で未帰還となった六機のうちの一機とわかったのである。

引き揚げられた紫電改は、いったい誰の搭乗機であったのか。

遺族をはじめ関係者の誰もが関心を持ったが、搭乗員を特定することはできなかった。私が取材した数人の関係者は、一様に「あの紫電改は六人のうち誰のものでもいいじゃないですか。それでいいじゃないですか」と言った。

それでも、三四三空の生き残りである元搭乗員S氏が、一つだけヒントを教えてくれたことがあった。

「引き揚げられた紫電改を見ましたが、フットバーが一番手前の位置になっていました」

フットバーとは方向舵を動かす足踏み式の棒のことで、搭乗員の身長によって調節できるようになっている。

ということは――

「自転車のペダルとサドルの関係に似ていますが、フットバーの位置が一番手前までできていましたので、あの紫電改の搭乗員は背の低い人間です」

六人のうちで背の低かった人は……と尋ねると、S氏は、

「まあ、それは……」

と言葉をにごして、

「誰でもいいじゃないですか。そういうことにしておきたいんです」

とやさしい口調で言った。

（渡辺大助）

第6話◉敷島特攻隊・関大尉の体当たりは不発爆弾だった?

零戦体当たり特攻で「セント・ロー」を仕留めたのは誰か?

神風特別攻撃隊敷島隊を指揮した関行男大尉

零戦(ゼロ戦)に爆弾を搭載し、米空母に体当たりして、ついに沈没させた最初の特攻隊は、神風特別攻撃隊敷島隊であった。一九四四年十月二十五日午前十一時過ぎという。

敷島隊はフィリピンで初めて編成された特攻隊四隊のうちの一つ。敷島隊と同時に編成されたのは大和隊、朝日隊、山桜隊である。関大尉はこの四隊の総指揮官であるとともに敷島隊の指揮官でもあった。隊名は、江戸時代の国学者本居宣長の和歌「敷島の大和心を人問はば朝日に匂う山桜花」からとられたことは前にも触れたとおりである(一九八頁)。

関大尉は、最初の特攻隊隊長を上司から打診されたとき、その場で「ぜひ私にや

関行男大尉出撃。『アサヒグラフ』昭和20年2月25日号

らせてください」と、決然として引き受けたとされてきた（猪口力平・中島正『神風特別攻撃隊』）。ところが、森史朗氏は「一晩考えさせてください」と答えたという証言を記している（『神風特攻　マバラカットへの道』『増刊　歴史と人物』中央公論社　一九八四年十二月刊行）。

こう証言したのは、ほかならぬ関大尉に「特攻隊長を引き受けてくれないか」と相談した玉井浅一中佐（第二〇一海軍航空隊副長）だった。玉井は戦後日蓮宗の住職となっていたが、大分時間が経過してから、関の中学校時代の同級生に、「関は一晩考えさせてくれ、といいましてね。あの日は豪雨で、関は薄暗いローソクの灯の下でじっと考え込んでいました」と告白したのだという。

関が決然として即座に特攻隊長を引き受けな

飛び立つ敷島隊。内閣情報局発行『写真週報』昭和19年11月22日号

かったのは、たとえば同盟記者の小野田政にたいして、「報道班員、日本もおしまいだよ。僕のような優秀なパイロットを殺すなんて。ぼくなら体当たりせずとも敵空母の飛行甲板に五〇番（五〇〇キロ爆弾）を命中させる自信がある」（『神風特攻隊出撃の日』今日の話題社）と語ったというエピソードでも知られるであろう。

敷島隊の出撃は十月二十一日だったが、その日は米空母群を発見することはできずに引き返した。

次いで二十二日、二十三日、二十四日と連日出撃したが、天候が悪かったり米空母を発見できなかったりで、いずれも基地に戻った。関大尉は基地に帰ってくるたびに「相すみません」と恐縮していたそうである。

十月二十五日、敷島隊は出撃した。五度目である。

敷島隊の編成は零戦五機、直掩機《ちょくえんき》四機だった。直掩機の任務は爆弾を積んだ零戦を掩護すること、体当たりの戦果を確認して基地に戻り、報告することである。

空母群に突入した敷島特攻隊

敷島隊が、米軍が上陸したレイテ島タクロバンの東方九〇カイリ（約一六七キロ）に四隻の護衛空母群を発見したのは午前十時四十分だった。五分後に対空砲火が始まり、それをきっかけに敷島隊の各機は自分の目標をさだめて急降下に入った。高度は二〇〇〇メートルという。

「キトカンベイ」の艦橋を狙った一機は、わずかに逸れて飛行甲板外側通路に体当たりして爆発した。

「ファッショー・ベイ」に向かった二機は体当たり直前で撃墜された。

「ホワイト・プレーン」には、関大尉の一機ともう一機が突っ込んだ。関機は四〇ミリ機銃の集中射撃を受けて、ついに黒煙を吐き出した。しかしそれでも旋回してから「セント・ロー」めがけて突入し、その飛行甲板の真ん中に体当たりした。飛行機は大きくバウンドし海中に落ちたが、爆弾は甲板を貫通して格納庫内で爆発した。

格納庫内の爆発で、燃料に火がつき、さらには魚雷・爆弾・機銃弾がつぎつぎに誘爆した。ドカーンという大きな爆発は七回を数え、火勢は弾薬庫を襲った。それが最後の大爆発を誘い、艦体は真っ二つに折れ、沈没した。体当たりから約三十分後である。

以上は、安延多計夫《やすのぶたけお》氏の『あゝ神風特攻隊』が伝える敷島隊の体当たりの様子である。関大尉の零戦が黒煙を吐きながらも「セント・ロー」に体当たりを果たし、それが原因で同空母は沈没している。

安延氏は自身も海軍のパイロットであった。空母「加賀」の飛行隊長をはじめ第二航空艦隊の参謀などを歴任し、特攻が始まったときは台湾の新竹にあった第二一航空戦隊参謀だった。

戦後、神奈川県の追浜米海軍航空基地に顧問として勤務し、その折り、米軍側の記録を得る機会があり、それらを中心に日本側記録との照合作業を続け、この本を書いたという。

それまでは、前出の『神風特別攻撃隊』が伝える次のような記述が、敷島隊の突撃模様と信じられていたのだ。

敷島隊により体当たりされた護衛空母「セント・ロー」。
このあと爆発を起こして沈没した

朝日新聞

神鷲の忠烈 萬世に燦たり

神風特別攻撃隊敷島隊員

敵艦隊を捕捉し（スルアン島海域）

必死必中の體當り

豊田聯合艦隊司令長官 殊勲を全軍に布告

布告

海軍大尉 關 行男

中野 盤雄

谷 暢夫

永峰 肇

大黒 繁男

聯合艦隊司令長官 豊田副武

機・人諸共敵艦に炸裂

誘導の護衛機、戦果確認

故海軍大尉 關行男

廿四歳以下の若櫻

敷島、大和、朝日、山櫻、菊水諸隊

敷島特攻隊の体当たりを伝える1944年10月29日付『朝日新聞』。
「鷲」は海軍航空機の愛称

「指揮官機（関大尉機をさす）の突入のバンクにつづいて全機突入、指揮官機の命中によって炎々と火を発しながら逃げ回る空母に対し、指揮官機の体当たりした同じ穴につづく列機がまた命中し、その火柱と黒煙は一千米にも噴き上がったかと思われたという。同艦はこの攻撃により遂に沈没したのである。他の一機は別の空母に命中して大火災を生ぜしめ、更に他の一機は軽巡洋艦に命中、これも、瞬時にして轟沈《ごうちん》した」

ここでも関大尉機が体当たりした空母は火を発したとし、別の一機がまた体当たりしてダメージを拡大し、沈没させたことになっている。しかも、軽巡洋艦一隻も轟沈させたことになっている。

ところが、こうした見方にたいして関大尉機は空母に体当たりしたことは確かだが、爆弾は爆発しなかったという説がある。しかも、その空母は「セント・ロー」ではないというのだ。海軍兵学校出身で関大尉よりも一期後輩にあたる野村実氏が指摘しているところだ。野村氏は戦後戦史家となり、近現代史の成果もとり入れた広い視野から太平洋戦争に関する著述活動をおこなってきた人物だ。

「関の部隊は五機で、『セントロー』に命中したのは一機であり、ほかの二機が『カリニンベイ』に命中し、『ホワイトプレーズ』と『キクトンベイ』にそれぞれ一機が、舷側至近に落下して損害を与えている。

ところでアメリカ側の調査によると、五機編隊の先頭にあった零戦はこの日午前十時四十九分、翼をバンクさせて突撃を命じると、そのまま編隊を離れまっすぐ『カリニンベイ』に向けて突っ込んでいった。『セントロー』が攻撃されるより前である。

この零戦は飛行甲板に命中し、甲板に数個の穴をあけ、横滑りして左の艦首から海中に落ちた。爆弾は爆発せず、多数発生した小火災はすぐに消しとめられた。

関は（指揮官なので　引用者）当然、編隊の先頭にあってまっさきに急降下したものと信ずるほかないので、彼の爆弾は不発に終わったものと判定するほかない（艦名表記は原文のままとした　引用者）」（『海戦史に学ぶ』文春文庫）

しかし、野村氏はこのあと、次のようにつけ加えている。

「この結果は、関の評価に変更を強いるものではないが、その無念さはいかばかりか」

と。

第5章

終戦と混乱をめぐる謎

1945年2月のヤルタ会談。左からチャーチル英首相、ルーズベルト米大統領、スターリンソ連首相。ソ連は英米の要請に応じて、ナチス・ドイツ降伏後の対日参戦を約束した

第1話◉この期に及び、和平仲介をソ連に頼んだ真意とは？

北海道を譲れば、ソ連は日本のために汗をかいてくれると信じたのか？

北海道も千島列島もソ連に譲る気で？

昨年（二〇〇六年）九月、かなり衝撃的なニュースが報じられた。「太平洋戦争・和平見返り　旧ソ連に北海道割譲案」とする見出しで、『中国新聞』が次のように報じたのだ。

「『モスクワ三日時事』太平洋戦争末期、日本外務省内部に、旧ソ連に対米講和の仲介を依頼する見返りとして、樺太《サハリン》南部や千島列島のほか、北海道もソ連に譲渡すべきだという議論があったとみられることが、在日ソ連情報機関がモスクワに送った極秘電報でわかった」

千島列島は一八七五（明治八）年の「樺太・千島交換条約」で、樺太はロシア（当時）に、千島列島は日本に帰属することが決まった。また樺太南部は、日露戦争

(一九〇四〜〇五年)のポーツマス講和条約で"戦利品"として割譲させ、日本領となった。

右の報道は、北海道までも割譲する覚悟でソ連に和平仲介を打診した内容になっている。ただ報道によると、電報の日付は一九四五（昭和二十）年五月二十三日となっているそうだ。この点に疑問が残る電報ではある。

疑問の第一は、ソ連のスターリン首相は一九四五年二月のヤルタ会談（スターリン・ソ連首相・ルーズベルト米大統領・チャーチル英首相）で、かねてより米・英から要請があった対日参戦を、樺太南部と千島列島占領を条件にドイツ降伏後三カ月以内に実現させると密約していたが、東京のソ連情報機関はそれを知らなかったのか、ということだ。占領するつもりなら、譲渡されるまでもないし、占領する方が確実に我が物となる。

疑問の第二は、ソ連への和平仲介スタートは公式的にはその年の六月末であり、電報日付の五月二十三日は余りにも早すぎる打診であることだ。

五月末当時は沖縄の戦いがほぼ終わりに近づき、守備軍の玉砕も間近と思われていたときである。それをうけて、六月八日には御前会議（天皇臨席の最高意思決定機関）において、全軍特攻・全軍玉砕方式による本土決戦があらためて決定された。

こういう時期に、いかに内々の打診とはいえ、北海道譲渡案まで持ち出して、ソ連仲介の和平を依頼するだろうかという一般的な疑問もある。まだこの時期は、〝一億玉砕（国民すべてが死ぬまで戦う）〟が、ホンネでもタテマエでも生きていたと考えるべきではなかろうか。

戦いの中心的相手はアメリカなのだから、領土を譲歩する覚悟ならばアメリカと直接取引するほうが理にかなっている。たとえば九州を譲渡するから和平しないかという案ならば、アメリカは乗ったかもしれない。これならアメリカが要求していた無条件降伏と等しいのだから、スウェーデンやスイスなど中立国を通じていくらでも交渉できたであろう。

このようないろいろな疑問はあるけれども、あの時期、日本政府がかなり焦っていたことは確かだ。

しかしながら、よりによってあの時期、ソ連に和平仲介を依頼するという発想は、今日でもなかなか理解しがたい選択である。

日本政府は、ソ連が日ソ中立条約の不延長を通告（一九四五年四月五日）してきたので、もしかしたらソ連が対日参戦する準備ではないかと恐れた。条約上は不延長通知から一年間は有効だったが、そんな悠長な考えが通用するような時期でなかったことは、誰にでもわかることであった。しかし、それに対する反応は六月に入ってからで、マリク駐日ソ連大使に外相・首相経験者の広田弘毅が面会して、日ソ友好の重要性を確認しあったのが初めてである。

近衛元首相のモスクワ特派まで打診したが……

天皇が御前会議で、「戦争指導についてはさきに御前会議で決定を見たるところ（本土決戦をさす）、他面戦争の終結についてもこの際、従来の観念にとらわるることなく、すみやかに具体的に研究をとげ、これが実現に努力することを望む」と発言したのは六月二十二日である。ちょうど沖縄の守備軍が組織的戦闘を放棄した日で、牛島満軍司令官と長勇参謀長は翌日自決した。

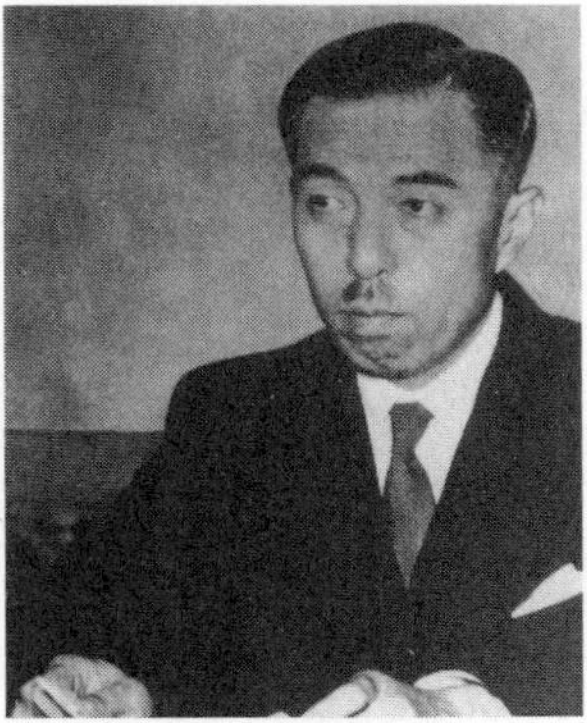
近衛文麿。日中戦争開始時から太平洋戦争開始直前まで、途中降板はあったが、長く首相をつとめた

天皇のこの和平推進に関する発言は、木戸幸一内大臣の発案による「近衛文麿元首相をモスクワに派遣してソ連に仲介を依頼する」との和平工作を実施すると

1945年6月末、沖縄戦も日本軍の敗北が決定的となった。写真は捕虜となった日本軍将兵

いう案がすでに根回しされた段階でなされたのである。

ここでもやはりソ連を仲介役とする考え方に固執している。なかなか筋の通らない話ではある。なぜなら、この年の初め、特使に予定された近衛元首相は、フィリピンがほぼアメリカ軍の手に落ちたころ（まだ米軍は沖縄にはもちろん、硫黄島にも上陸していない）、天皇に会い、「このままいくと日本は共産主義革命が起こる恐れがある。早期に和平すべきである」と進言していたからだ。ソ連は当時、共産主義を標榜していた唯一の大国だった。その共産主義国家に和平の仲介役を頼むことに、矛盾を感じなかったのだろうか。近衛もまた、共産主義国家に和平仲介を依頼する特使になることに、抵抗はなかったのだろうか。おかしな話である。

しかも、ソ連は連合国の一員として米・英とともに戦い、日本の同盟国であったヒトラーのナチス・ドイツを倒したばかりである（五月七日降伏）。日ソ中立条約の不延長を通告したソ連が、この期に及んで日本に何か好意を持ち、一肌脱いでくれるとでも思ったのだろうか。

実際、駐ソ日本大使の佐藤尚武《なおたけ》は、近衛特派大使の受け入れをソ連政府に申し入

元首として統治権を総攬した現人神・天皇は、大元帥として軍隊を統率した。その天皇が「和平のことも考えよ」と命じて、はじめてソ連仲介の和平工作が始まった。
写真は1942年11月20日、茨城県土浦の霞ヶ浦で海軍航空隊の訓練を視察したおりのもの

れるよう訓令されたとき、もはや交渉の余地はなく、日本の降伏による終戦以外には考えられないという、厳しい見通しを述べる電報を東郷茂徳外務大臣に打ったほどである。

一般的には和平仲介依頼は、きわめて平和的な申し入れだが、それさえも受けつけないだろうという見通しを、現地の大使は持っていたわけである。佐藤大使は、政府の悠長で鈍感な政策に歯がみしたことであろう。

佐藤大使は政府の訓令に基づいて再三近衛特使の受け入れを頼むが、特使が持ってくる「具体的提議」の内容がわからないことには返事のしようがないと突っぱね、東郷外相もまた、具体的内容は今の時点では知らせるわけにはいかないと突っぱねた。

当時、スターリン首相もモロトフ外相もポツダム会談（スターリンソ連首相・トルーマン米大統領・チャーチル英首相、途中からアトリー英首相に交代）の最中だった。スターリンはトルーマンに日本が和平仲介を頼んできたが、具体的内容を知らせよと言い続けていると語り、トルーマンも了承した。

そうこうしているうちに、アメリカは史上初の原子爆弾の実験に成功した。そしてこれを日本に投下する前に、ポツダム宣言を出して、日本に対する無条件降伏を勧告した（七月二十六日）。

こうして、ソ連を仲介役とする和平構想は空中分解したのである。

この間、冒頭で触れたような仲介を頼む見返りとして北海道まで譲渡する案は、これまで一回も公式には表に現れていない。たしかに日本は焦ってはいたが、さすがに公式に口にすべき〝条件〟ではない。それでもそれらしき史料が現存するかぎり、今後もあらためて「ソ連仲介による和平交渉」の実態は検証され続けることだろう。

第2話◉世界を一人歩きした〝ポツダム宣言は黙殺〟

「黙殺」は鈴木貫太郎首相の発言ではなかった? では誰が言い出したのか

ポツダム宣言と日本政府の態度

ポツダム宣言は、日本にたいする無条件降伏勧告だった。軍国主義の徹底的排除や民主主義国家の樹立、戦争犯罪人の処罰、占領軍の駐屯、朝鮮の独立、台湾の中国への返還等々、いくつもの〝無条件降伏の条件〟(当時外務次官だった松本俊一の表現)が列挙してあった。そして、その最後は「右以外の日本国の選択は迅速かつ完全なる壊滅にあるのみとす」と結んであった。

これが単なる脅しでなかったのは、ポツダム宣言が発せられた十日前の七月十六日(一九四五年=昭和二十年)、アメリカが原子爆弾の実験に成功していたからである。だから、宣言は第二項で、「(米・英・中国は)日本国に対し最後的打撃を加えるの態勢を整えたり」と強調していたのである。この条件で降伏しないと、原爆を落

ポツダム会談。左奥のハマキをくわえているのがチャーチル英首相。右奥でタバコを手にしているのがスターリン・ソ連首相。後ろ姿左から２人目がトルーマン米大統領。チャーチルは途中から新首相アトリーと交代した

とすぞ、と言外にほのめかした宣言だったのだ。

ところが日本政府は宣言を黙殺した。日本にたいする降伏勧告は、ナチス・ドイツが降伏したときもおこなわれたが、このときも拒絶した。だからといって、格別な事件は起こらなかったから、単なる脅しと受け取ったのであろう。

では、政府は鈴木貫太郎首相なり東郷茂徳外相なりが、はっきりと「黙殺する」と言葉に出して声明したのだろうか。

どうもそうではなかったらしい。

「黙殺」なる言葉が最初に新聞に出たのは七月二十八日で、ポツダム宣言が発表されたというニュースの〝解説記事〟としてである。『朝日新聞』のニュースの見

朝日新聞
昭和二十年七月二十八日
數群の敵機動部隊
依然南方洋上に
警戒要す戰意攪亂の企圖
金華山沖・潜艦砲撃
パリック市街激戦
ブイン要線激戦
ブーゲンビル
百二十機
大牟田、松山、德山来襲
タイ・敵艦退
東興・龍州・憑祥に突入
皇軍、廣西に新行動
良き政治あ
必ず戦争
米英重慶、日本降伏の
最後條件を聲明
三國共同の謀略放送
政府は默殺
多分に宣傳と對日威嚇

「政府は黙殺」の見出し。「米英重慶、日本降伏の最後條件を聲明」がポツダム宣言を意味している。「重慶」は蔣介石治下の中華民国で、首都が重慶に移っていたのでこう呼ばれた。1945年7月28日付『朝日新聞』

出しは、「米英重慶、日本降伏の最後條件を聲明　三國共同の謀略放送」となっている。「重慶」は中国の意味で、四川省重慶に政府が置かれていたので重慶政府などと呼ぶことが多かった。声明自体を〝謀略放送〟と表現したのは新聞社側であろう。

そして、そのあとに「政府は黙殺」と二段の小さな見出しをつけ、次のように報じた。

「帝国政府としては（このポツダム宣言は）何ら重大なる価値あるものに非ずとしてこれを黙殺すると共に、断乎戦争完遂に邁進するのみとの決意を固めている」と短く報じたのである。

政府はポツダム宣言に接したとき、取り扱いに苦慮した。東郷外相は、当分は意思表示しないことを原則にした。

軍部は強硬に宣言の拒否を迫っていた。

結局、軍部の強い主張に押されて、鈴木首相は七月二十八日午後四時から内閣記者団と会見した。会見内容はかなり広い範囲に及んだが、ポツダム宣言（三国共同声明）に関する鈴木首相の発言は、次のように要約されて報道された。

「私は三国声明はカイロ宣言の焼き直しと思う。政府としては何等重大な価値あるものとは思わない。ただ黙殺するのみである。われわれは断乎戦争完遂に邁進するのみである」（一九四五年＝昭和二十年七月三十日付『朝日新聞』。報道は三十日付で、二十九日付ではない）

ただし、今回は見出しには「黙殺」という文字は出ていない。

この「黙殺する」を同盟通信社が「ｉｇｎｏｒｅ（無視する、知らないふりをする）」と訳して海外へ速報した。

「この同盟ニュースを傍受した国際通信社の代表格であるアメリカのＡＰ通信社とイギリスのロイター通信社が『ｉｇｎｏｒｅ』を『ｒｅｊｅｃｔ』（リジェクト、拒否）といい換えて表現し、これが米、英などの新聞に『日本、ポツダム宣言を拒否』といった見出しをつけて掲載された」（仲晃『黙殺　ポツダム宣言の真実と日本の運命（上）』日本放送協会）というわけである。

実際はどうだったのか。

鈴木首相は戦後の回想（『終戦の表情』）のなかで、七月二十八日の内閣記者会見では「この宣言は重視する要なきものと思う」と述べたと書いている。黙殺という言葉は使わなかったというわけである。

たしかに、黙殺するとは言わなかったのに、新聞ではそう書かれ「余の談話はたちまち外国に報道され、我が方の宣言拒絶を外字紙は大々的に取り扱ったのである。そしてそのことはまた、後日ソ連をして参戦せしめる絶好の理由を作ったのであった」とも書いている。

鈴木首相は、天皇に首相就任を要請されたとき、高齢を理由に固辞したが、天皇の「まげて頼む」という言葉に仕方なく首相となった。海軍大将だが、長く侍従長をつとめたので天皇の信任が厚かった。組閣の折り、開戦時の外相でもあった東郷茂徳を再び登用したが、「和平を考えてもよいか」との東郷の問いかけに鈴木首相はうなずいたという。米内光政海軍大臣も同様の言質をとって留任した。鈴木自身も自らの内閣で戦争の最終内閣にしたいと抱負を語ったほどである。表面的には戦争に勝って幕引きする、と受け取られるように語ったことはもちろんである。

だから、せっかくの降伏勧告を軍部の言うように完全に無視するとか、強く拒否するという気持はなかったであろう。しかし、こと志《こころざし》に反して、海外には「拒否」で伝わってしまったわけである。

「黙殺」誕生の真実はどこにあったか？

ところで仲氏は『黙殺』のなかで、ではいったいどこからその言葉が出てきたのだろうかを追求している。

内閣書記官長・迫水久常

仲氏は鈴木首相のこの回想も援用しつつ、「黙殺」発言そのものは鈴木首相自身の言葉ではなかったと、まず断定する。鈴木首相の記者会見の前日（ポツダム宣言の当日）、当時の内閣書記官長（今の官房長官相当）迫水久常と内閣記者団との懇談の席で出た言葉であると、次のように書いている。

迫水は、「日本政府としては（ポツダム宣言を）受諾するといった態度はとれないので、重要視しないというか、ネグレクトする方向へいくことになるだろう」と説明した。

「すると記者団のほうから『じゃあ黙殺か』という話が出て、『黙殺？　ネグレクトってのは黙殺ともいえるかなあ』というやりとりがあった」というのである。これは同席していた記者（朝日新聞・柴田敏夫）の話だという。

「柴田によると、そのさい迫水から記者団に、『大きく新聞のトップか何かで〝ポツダム宣言黙殺！〟っていうように扱わんでくれ』と声をかけた。記者団もなんとなくこれを了承し、柴田記者は翌日（七月二十八日）の『朝日新聞』朝刊に、二段見出しでわずか六行の『政府は黙殺』の記事を書いた」

どうやら、最初に「黙殺」という言葉を使った新聞社側の継続的な表現という気がする。

とはいえ、内幕的には迫水書記官長と記者団とのやりとりからもわかるように、実態は黙殺で政府の意図は十分に伝わっており、記者側の〝捏造《ねつぞう》〟ではないことがわかる。

ポツダム宣言は、日本の無条件降伏を勧告しているのだから、鈴木首相といえども記者会見でどうこう声明できる性質の問題ではなかった。受諾はすなわち無条件降伏であり、首相の一存ではどうにもならない問題である。軍部が同意し、内閣も同意し、御前会議で天皇も同意しなければ、いかんともできない大問題であった。

事実、このポツダム宣言を受諾するかどうかをめぐって、政府と軍部は何日間もやりとりし、結局結論を出すことができなかったのである。

その結果が、原爆二発を落とされ、ソ連の対日参戦の直後、天皇の決断（いわゆる聖断）によって、受諾することが決定されたのだ（八月九日）。しかし、聖断が下されてもなおかつ紛糾した。それは、〝天皇が日本を治めるという統治形態は変わらない（天皇大権の不変。国体護持）〟という条件をつけて、連合国に回答したからである。

それにたいする連合国の回答（「天皇の権限は連合国軍最高司令官に従属する」「日本国政府の形態は、国民の自由に表明する意思により決定される」）をめぐってまたまた紛糾した。それを抑え、ポツダム宣言受諾を最終的に決断したのは（八月十四日）、ほかならぬ天皇であった。

第3話◉あくまで本土決戦を！　寸前で回避されたクーデター

降伏に反対し続けた陸軍大臣は、部下懐柔の大芝居を打ったのか

最後の御前会議に乱入計画

ポツダム宣言を受諾して無条件降伏することに最後まで反対したのは、軍部の三人である。当時の軍部の最高ポストは、陸軍が大臣と参謀総長、海軍が大臣と軍令部総長だ。

このうち、海軍大臣の米内光政大将だけは受諾派の一人、というより受諾を働きかける積極派だった。「言葉は不適当と思うが、原子爆弾とソ連の参戦は、ある意味では天佑だ」（緒方竹虎『一軍人の生涯』）と語ったほど、早い時期での降伏を推進した。彼のその自信は、ポツダム宣言を受け入れても、天皇は安泰だという確信に満ちた見通しからきていた。それは、首相の鈴木貫太郎も、外相の東郷茂徳でも同様である。

ポツダム宣言を受諾して降伏を主張した鈴木貫太郎首相と米内光政海軍大臣（右の写真＝議会におけるもので手前が鈴木、その左が米内）、と東郷茂徳外務大臣（左の写真＝戦後）

海軍のもう一人の最高ポストにあった軍令部総長豊田副武《とよたそえむ》大将は受諾反対で、聖断が下されたあとにも、米内大臣には相談なしに、陸軍の参謀総長梅津美治郎《うめづよしじろう》大将と二人して、天皇に「あくまでも本土決戦をやるべきだ」と上奏したほどだった。

しかし、豊田より海軍兵学校の卒業が四年先輩の米内は、豊田の上奏直後、大臣室に呼びつけて叱りとばした。豊田は恐縮して涙ぐんだという。

これにたいして陸軍は阿南惟幾《あなみこれちか》大臣も梅津参謀総長も受諾反対だった。総じて、陸軍省も参謀本部も若手の軍人たちは受諾反対組であった。とくに陸軍省の佐官クラス（少佐、中佐、大佐）は強硬で、大臣にクーデターを持ちかけた。

ポツダム宣言受諾を拒否してあくまでも最後まで戦うことを主張した阿南惟幾陸軍大臣（上左の写真）、梅津美治郎参謀総長（上右の写真＝陸軍。写真は戦後）、豊田副武軍令部総長（下の写真＝海軍）

ところが阿南大臣はその話に乗り、梅津参謀総長が同意するなら成功するだろうと応じた。

クーデターは八月十四日に決行することになった。その日、御前会議が開かれることが決まったからである。その御前会議は、ポツダム宣言受諾の条件として「天皇の大権は不変」とする日本政府の連合軍にたいする回答をめぐって、天皇の決断を求める会議であった。閣議の意見がまとまらなかったので、あらためて天皇に裁断を求めたわけである。連合軍の回答は、「降伏のときより天皇の権限は連合国軍最高司令官（日本占領軍の軍司令官をさす）の制限の下に置かれる」（外務省訳）としていた。傍点部分の原文は〝サブジェクト・ツー〟で、正しくは「従属する」である。

連合軍の回答は放送でおこなわれたから、陸軍も傍受して承知しており、実際は「従属するじゃないか、それでは天皇の大権が不変とはいえない、そんなことでは国体は護持できない」と、猛反発していたのである。国体とは、天皇が統治し、天皇を中心とする日本のあり方という意味だ。

とにかく「投降よりも死を選べ」と将兵を教育してきた日本軍のことである。連合軍回答の〝サレンダー〟も、「降伏する」ではなく「服降する」と訳してくれと、外務省に文句をつけたぐらいだ。もちろん服降などという言葉はない。要するに、軍、とりわけ陸軍は、天皇が占領軍司令官に従属するぐらいなら本土決戦で玉砕したほうがましだ、と考えていたのだ。

そういうわけで、具体的なクーデター計画が作成された。

とはいっても、御前会議におけるクーデターは、じつは簡単である。会議場に兵を入れ、天皇を別室に案内して、出席者を監禁する、というものであった（防衛庁戦史室『戦史叢書　大本営陸軍部〈10〉』朝雲新聞社）。天皇を人質にしたほうが勝ちという、昔ながらの発想である。

計画がまとまったところで、阿南大臣は梅津参謀総長に打ち明けた。ところが、梅津は「やろう」とは言わなかったのである。そこで、阿南もあっさりとあきらめて、部下を説得したそうである。計画したわりには、まことにあっさりと阿南大臣はクーデターを放棄した。はたして阿南大臣にクーデターをおこなう意思が最初からあったのかどうか、疑わしい。

阿南大臣も国体は護持されると信じていた？

阿南大臣が梅津参謀総長の反対にあって、あっさりとクーデターをあきらめたのはなぜか。

じつは本気になってポツダム宣言受諾を拒もうとするなら、大臣を辞職するという手もあった。そうなれば鈴木内閣は総辞職で、天皇は誰かに組閣を命じなければならない。陸軍がさんざん使ってきた汚い手段である。

阿南大臣がそれをやらなかったのは、本人としてもすでに日本の戦力がどの程度であるかわかっていたからであろう。阿南が陸軍大臣になったのは鈴木貫太郎内閣（一九四五年＝昭和二十年四月七日成立）である。それまでの約二年余り、第二方面軍司令官となり、豪北といって西部ニューギニアやインドネシア一帯の防衛にあたっていた。アメリカ軍の強さをよく知っていたのである。

沖縄が占領されて、まともな飛行機は特攻機としてほぼ使い果たしていたことも知っていた。

降伏はやむを得ないが、それによってはたして天皇が安泰か、皇室は無事に残るか、それだけが気がかりだった。何も阿南だけの心配事ではなかった。

しかしながら、ポツダム宣言の受諾をめぐって丁々発止やっているうちに、なんとなく国体は護持されるという確信を持ったのではなかろうか。

そう思わせるエピソードが残っている。

八月十四日の夜十一時、最後の閣議を終えたあと、阿南は鈴木首相にたいして次のようにあいさつしたそうだ。

「謹んでお詫び申し上げます。私の真意は、一にただ国体を護持せんとするにあったのでありまして、あえて他意あるものではございません」

鈴木首相はこれにたいして、次のように答えた。

「そのことはよく分かっております。しかし、日本の皇室は必ず御安泰ですよ。なんとなれば、今上陛下は春と秋の御先祖のお祭りを必ず御自身で熱心になさってられますから」

なんとも禅問答のような感じがするが、無条件降伏するにあたって、当時の為政者が一番何を恐れていたかがなんとなく読み取れる。

阿南はこのあと、東郷外相も訪ねてあいさつしたが、翌十五日午前五時半、割腹自決して、戦争に敗れたことを天皇に詫びたのだった。それが「一死以テ大罪ヲ謝シ奉ル」である。

阿南自決の報に接して、東郷は次のように語ったという。

「そうか。十四日夜阿南は、陸軍大臣として君とは随分議論を闘わしたが、御厄介になった。まず無事にゆきまして結構でしたとにこにこしておった。そうか、腹を切ったか、阿南というのは、いい男だな」

阿南陸相自刃す
遺書　"一死以て大罪を謝し奉る"
「亞細亞の魂」
東亞解放の途へ團結
必謹
以上の苦難に克つ

阿南陸軍大臣は８月15日早朝に自決した。
1945年８月16日付『朝日新聞』

もうここには、国体が危ないと叫んでいた阿南の姿はない。「まず無事にゆきまして結構でした」と、最後の職責を果たしきった一人の軍人がいるだけである。

もちろん、クーデター中止に飽き足らない陸軍省の軍人たちは同志をつのり、あくまでも最後の抵抗を示そうとした。

偽命令書を発して部隊を皇居に集結させ、それを拒んだ森赳《もりたけし》近衛第一師団長を殺害した。そして皇居に乱入して、十五日正午から放送される予定の玉音盤、すなわち「終戦の詔勅」を天皇自ら吹き込んだレコードを奪おうとした。

別のグループはNHK放送局に乱入して、自分たちの蹶起書《けっきしょ》を放送するように強要した。

いずれも、現場の民間人が機転を利かしてことごとく阻止し、玉音放送は予定どおり正午から放送された。国民も連合国側もそれによって、日本が正式に降伏したことを確認できたのである。

第4話◉謎多き「宇垣特攻」の真実探し

玉音放送のあと、特攻機に乗りこんだ宇垣纏海軍中将をめぐる毀誉褒貶《きよほうへん》

今も探し続ける「宇垣特攻」の最期の真実

昨年（二〇〇六年）八月十二日、『読売新聞』は、「『宇垣特攻』最期の真実　玉音放送後に出撃　親族女性が遺品調査」という見出しを掲げた。

記事は、宇垣纏《うがきまとめ》海軍中将が玉音放送（天皇の降伏放送）の直後、沖縄へ向け特攻に飛び立ったとき、それに従って戦死した隊員の親族・吉田沙知さん（二十七歳）の調査研究の模様を伝えたものだ。

記事の冒頭部分を紹介すると――

「吉田さんの曾祖父の弟で、当時21歳の大木正夫・上等飛曹《じょうとうひそう》（上飛曹《じょうひそう》とも。飛曹は飛行兵曹の略）は8月15日夕、海軍大分飛行場を沖縄に向け飛び立った11機、23人の一人。大木上飛曹ら8機17人は戦死した。特攻作戦を指揮していた第五航空艦隊

司令長官で、終戦後に『最後の特攻』を率いた宇垣中将については、『部下を道連れにした』との批判が多い」

と、なっている。

記事によると、吉田さんはやはり宇垣特攻隊員だった後藤高男上飛曹（当時二十六歳）の救命胴衣の一部などが、米オハイオ州の国立空軍博物館に展示されていることをつきとめた。そしてその遺品を博物館に提供した元米兵フィリップ・トンプソン氏（八十歳）と連絡がつき、文通を重ねたところ、「後藤機が、米軍キャンプのあった沖縄・伊平屋島の砂地に激突後、爆発炎上したことを知った」という。

以上が記事の大まかな内容だ。

開戦時に連合艦隊参謀長だった宇垣中将は、最後の段階では沖縄にたいする航空作戦を一手に引き受けた第五航空艦隊司令長官だった。五航艦には空母はなく、基地航空部隊である。

とはいえ、すでに編隊を組んでの爆撃作戦はとることができず、フィリピンで初めて実施された〝体当たり特攻〟が日常化していた。

体当たり特攻は飛行機ばかりではなかった。桜花《おうか》と称する〝一人乗り人間爆弾ロケット〟による特攻も指揮した。桜花は陸攻《りっこう》（陸上攻撃機）と呼ばれる中型の爆撃の

宇垣が指揮した第5航空艦隊司令部が置かれた鹿児島県鹿屋基地。
写真は、人間爆弾「桜花」を胴体に抱いて特攻出撃する神雷部隊

胴体に吊られて出撃し、敵艦発見と同時に切り離され、ロケット噴射によって降下して、体当たりする兵器だった。

宇垣長官が指揮した特攻は三月末から終戦までだが、その間約二〇〇〇人が戦死したと推定される（全体の海軍特攻戦死は四〇〇〇人を超え、陸軍では約一七〇〇人とされる）。つまり、宇垣長官は役目柄、約二〇〇〇人を特攻によって戦死させた。

宇垣は日記を書いていた。それは戦後、『戦藻録《せんそうろく》』として出版されており、貴重な現代史史料ともなっている。その三月十一日（東京大空襲の翌日にあたる）の日記には、次のように記されている。この日は、梓《あづさ》特攻隊二四機（中型爆撃機銀河）が、鹿児島県鹿屋基地からサイパン南方の米艦隊泊地ウルシー

環礁（今のユーリティ環礁）へ向けて出撃した。

「……昨今の決死隊出発に際して何らの苦もなく、微笑を以て訣別し見送り得ること厚顔《こうがん》となれるに非《あら》ず。既《すで》に自《みずか》ら危機に出入《しゅつにゅう》せること度々《たびたび》あり。而《しこう》して吾《われ》も亦何時《またいつ》かは彼等若人の跡《あと》追うものと覚悟しあるに因《よ》る」

特攻を始めた大西瀧治郎中将も、「お前たちだけを死なせはせぬ」とよく言っていたそうだが、宇垣中将もまた特攻隊を見送りながら「お前たちだけを死なせはしない。必ず俺もあとから行く」と周囲にも言い、自分にも言い聞かせていたのである。

〝長官特攻〟にお伴を願い出た部下たち

宇垣長官は日本が降伏を決めたことをサンフランシスコ放送によって初めて知った。八月十一日のことという。御前会議は天皇の決断によって、八月九日深更、ポツダム宣言受諾を決め、連合国に連絡した。そのことを伝える放送であった。もっとも、正式決定は八月十四日であったが、宇垣長官は最前線で戦っている自分に一言も相談なく降伏を決めるとは何事か、と憤慨したそうである。ちょっと筋違いではあるが、気持はわかる。

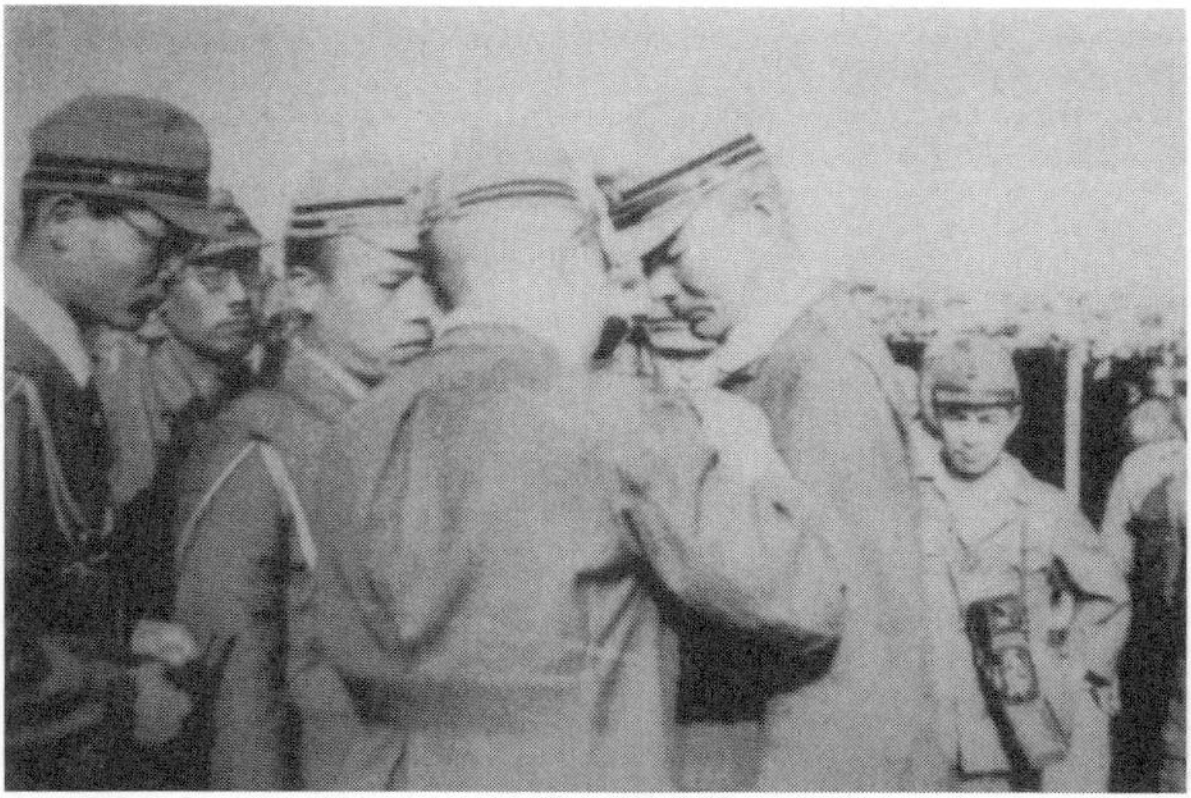

特攻出撃を前に階級章を外してもらう宇垣長官

特攻機に乗りこむ前に撮影された宇垣長官

八月十五日正午、降伏を伝える天皇の放送（玉音放送）が始まったが、宇垣はすでに、艦上爆撃機「彗星」五機に特攻出撃の準備を命じていた。かねての思い通り、自分も特攻に行くためである。もちろん、自分では操縦できないから、いっしょに出撃してくれる飛行機を準備させたのだ。

連合艦隊司令長官からは沖縄への積極攻撃中止命令が発せられていた。が、一般的な「戦闘中止命令」はまだ出されていなかった。だから、宇垣長官の出撃は明白な命令違反とは言いにくいのだった。

参謀長横井俊之大佐らは必死で引き留めようとした。しかし、宇垣長官は「俺に武人としての死所を与えよ」と耳を貸さなかった。

「一六〇〇すぎ、指揮所の前に二十二名の搭乗員が整列していた。『命令は五機のはずだったが』と宇垣が言いかけると、攻撃一〇三飛行隊分隊長の中津留達雄大尉が憤然とどなった。

『長官が特攻をかけられるというのに、五機だけという法がありますか。私の隊は全機でお供します』

『みな、私と一緒に行ってくれるのか？』

言下に、全員の右手がいっせいに天を突いた。

滑走を始めた宇垣長官乗機の「彗星」

それを見た宇垣は、〝莞爾《かんじ》〟と機上の人となったという。（中略）

発進して二時間半、およそ午後七時三十分に、規約された長官機からの突入電信符が消えた」（雨倉孝之「第五航艦長官、最後の特攻」『別冊歴史読本』戦記シリーズ39「玉砕戦と特別攻撃隊」特集号所収　一九九八年一月　新人物往来社）

この宇垣長官の特攻は当時から波紋を呼んだ。一般的には、すでに天皇の降伏宣言が出ているのだから、部下を道連れにしたのは理屈に合わないというものであり、実際その通りであろう。「お前たちだけを死なせはしない、俺もあとから行くぞ」との約束は、このような高官の場合、普通は自決を意味する。大西中将も自決して、その約束を果たした。

宇垣の場合もそうすべきではなかったか、というものである。

海軍ではそういう立場をとり、宇垣長官に厳しく処した。すなわち、通常なら特攻戦死の場合、士官なら二階級特進が普通だった。宇垣は中将だから、没後に大将昇進の手続きがとられてもおかしくはなかった。

しかし、米内光政海軍大臣も豊田副武軍令部長も宇垣の大将昇進には反対した。単機ならともかく、数機を随伴したこと、連合艦隊司令長官の命令は積極攻勢をとるな、だったのに、それに違反したこと、等の理由によるという。もっとも、分隊長の中津留大尉は没後少佐に昇進しているから、厳しく処されたのは宇垣中将だけであったようだ。

宇垣長官の行動をどのように見るか。これは人によって、今でも正反対に分かれるのではなかろうか。道連れにした人数が多すぎたからである。

しかしながら、いきなり〝日本降伏〟がやってきて、長官が特攻すると言い出したとき、「勝手に行ってください」と突き放せるものであったか、少々疑問ではある。だから、〝道連れにされた〟という言い方に、長官に付き従った搭乗員たちは、怒るかもしれない。

前出の雨倉氏は、「大戦後、日本では、人の命は地球より重くなったといわれる。

しかし、大西の自裁と宇垣の出撃死には、そうした新しい天秤では計り得ない大きさと重みがある。男の美学がある」とも書いている。

宇垣の〝男の美学〟はまた、「長官を見捨てるわけにはいかない」とし、従容《しょうよう》として付き従った〝搭乗員たちの男の美学〟に支えられてこそ完成したことを忘れるわけにはいかない。

しかし、このテーマは今後も多くの論者がさまざまな視点から論じ続けるであろう。

第5話◉大疑惑！「将兵六〇万余は関東軍により引き渡された」

スターリンのせいだけではなかったのか？ 関東軍将兵のシベリア抑留

六〇万将兵はシベリアに連行され、強制労働につかされた

ソ連軍が満州国（日本が中国東北地方につくっていた植民地）に侵攻したのは、一九四五（昭和二十）年八月九日だった。それから一週間後の八月十五日、日本はポツダム宣言を受け入れて連合国に無条件降伏した。ポツダム宣言が発せられたとき、日本とソ連は形のうえでは友好関係にあったが（日ソ中立条約が有効）、ソ連は対日宣戦と同時にポツダム宣言に加入した。

ソ連は日本降伏後、満州国に駐屯していた関東軍を中心に北緯三八度以北で終戦を迎えた日本軍将兵を、強制的に列車でシベリアに輸送した。総数は六〇万人以上と推定される。関東軍総司令官山田乙三大将以下、軍司令部要員や、各部隊の最高指揮官など高級将校も例外ではなかった。

最後の関東軍参謀長・秦彦三郎中将。シベリア抑留から解放されて帰国したのは、1956年12月

最後の関東軍総司令官・山田乙三大将。シベリア抑留から解放されて帰国したのは、敗戦11年たった1956年6月

これは日本が受け入れたポツダム宣言が「日本国軍隊は完全に武装を解除されたるのち、各自の家庭に復帰し、平和的かつ生産的に生活を営むの機会を得しめらるべし」の条項に完全に違反していた。

日本軍将兵は、東はカムチャツカ半島のペトロパウロフスク、西は黒海沿岸、北はコムリスクという広大な範囲にわたって分散させられた。森林伐採、鉄道建設、鉱山採掘等々、わずかな食料で酷使し、暖房のないラーゲリ(収容所)に押し込めた。結果的にこの極悪環境がたたって六万人以上が死亡した。

このシベリア抑留者の日本帰還は、

十年を経てようやく完了するほど長期にわたったのである。

シベリア強制連行は、もちろん当時の独裁者スターリン首相の命令によっておこなわれた。捕虜を自国に連行して強制労働につかせるという政策は、ドイツ国民やルーマニア国民など、いわゆる敵対した枢軸国国民にたいしてもおこなわれており、日本人だけが特別ではなかったようだ。

ところが、戦後間もなくして、シベリア帰還者のあいだから、シベリア抑留は単にスターリンの意思だけでおこなわれたのではなく、関東軍司令部がそう仕向けたからではないか、関東軍司令部が「どうぞ我々を好きに使ってくれ」と頼んだからではないか、といううわさが聞かれるようになった。一部の者はそういう状況証拠を添えて、日本政府の責任を問う裁判を起こした。

どういう状況証拠があるのだろうか

「シベリア抑留は、国家護持《ごじ》を願うためスターリンに宥恕《ゆうじょ》を乞《こ》う必要から、関東軍の兵士六〇万を役務賠償としてソ連に引き渡した事件」とする立場の人たちが、状況証拠としてあげるいくつかを、見てみよう（以下の内容は、松本宏・水谷丈老・池田幸一・森本繁造・加藤木敏雄「シベリア抑留裁判の報告（六）」保阪正康編集・発行

『昭和史講座』第七号所収　二〇〇一年十二月二十六日発行に拠る。カギカッコ内は直接引用）。

一つは、ソ連を仲介として和平交渉（第5章　第1話参照）をしようとして、日本政府が準備した「和平交渉の要項」のなかに、「国体の護持は一歩も譲らざること」と同時に、「海外にある軍隊は現地にて復員し、内地に帰還せしめることに努むるも、止むを得ざれば、当分その若干を現地に残留せしむることに同意する」「若干を現地に残留とは、老年次兵は帰国せしめ、若年次兵は一時労務に服せしむること等を含むものとす」等々の記述がある。

もう一つは、大本営参謀部第五課（対ソ作戦）主任参謀朝枝繁春中佐は、次のような文書を作成して、参謀総長梅津美治郎大将の決裁を得て、八月十日新京（今の長春。満州国の首都。関東軍司令部もあった）に飛び、関東軍首脳に伝達した。

①関東軍総司令官は米ソ対立抗争、国際情勢を作為するため、成るべく赤軍（ソ連軍）をして、速やかに朝鮮海峡まで進出せしむる如く作戦を指導すべし。

②戦後、将来の帝国（日本）の復興再建を考慮し、関東軍総司令官は成るべく多くの日本人を大陸の一角に残置することを図るべし。これが為、残置する軍、民間の日本人国籍は、如何様に変更するも可なり。

以上は、日本がまだ降伏する前の状況証拠となる文書である。

こういう証拠をもとに、裁判を起こした人々は次のように断じている。

「以上を概観すれば我国中枢のソ連への畏怖は甚しく、虎林虎頭《こりんことう》等最前線将兵や開拓民の甚大な犠牲にも目をふさぎ、関東軍司令部は早くも通化《つうか》の山中に逃げ込み、ソ連には宣戦布告も見合わせて満州を空け渡し、遥か朝鮮海峡まで赤軍を誘導して米ソの角逐を謀り漁夫の利を得んとする。またソ連の庇護の下に兵士や在留邦人の労力を提供して大陸残留を乞うと云う、あきれ返った企てが浮かび上がるのである」

さらに、日本降伏後の状況証拠を示す文書をいくつか見てみよう。

一つは、先にも出てきた朝枝参謀が降伏後に大本営に打電した電報である。朝枝報告書と呼ばれている。八月二十六日付という。

①一般方針に、内地に於ける食料事情および思想経済事情より考えるに、規定方針通り大陸方面に於ては在留邦人および武装解除後の軍人は、ソ連の庇護下に満鮮（満州国と朝鮮）に土着せしめて生活を営む如く、ソ連側に依頼することを可とす。

②患者および内地帰還希望者を除く外は、速やかにソ連の指令により、各々《おのおの》技能に応ずる定職に就かしむ……満鮮に土着する者は、日本国籍を離るるも支障なきもの

シベリア抑留日本兵を早く帰せとの運動はねばり強く続けられた。写真は1948年９月30日の集会

とす。

この文書のことは一九九三（平成五）年八月十三日付『朝日新聞』でも報じられた。それによると報告書のタイトルは「関東軍方面停戦情況ニ関スル実視報告」、発見者はシベリア抑留関係者で組織する全国抑留者補償協議会（山形県鶴岡市）の斎藤六郎会長で、ロシア軍関係の公文書施設にあったという。このとき同時に、関東軍総参謀長の「大本営参謀ノ報告ニ関する所見並ニ基礎資料」という文書も発見されたという。

同紙によれば、朝枝氏は「私の筆跡ではなく偽造されたもの」と認めなかったが、降伏前に似たような文書を作成して大本営に打電したことは認めた。

また、斎藤会長の、「ポツダム宣言に違反して日本人を過酷な労働に使役したソ連の責任は大きい。一方で日本軍がこれに関与したといううわさが絶えなかったが、次々とこのような文書が出てくると、うわさとばかりは言えない。凍土に埋まる六万将兵のため真相は解明されなくてはならない」との談話も掲載している。

もう二点ほどあげてみよう。

一つは、八月二十九日にソ連側に提出したとされる「ワシレフスキー元帥への報告」だ。そこには、「帰還迄の間に於きましては極力貴軍の経営に協力（する）如く御使い願い度いと思います」との文言があるといい、

「（この）陳情の通り、我々兵士は、その文言《もんごん》に寸分違《たが》うことなく酷使を余儀なくされたのである。大陸残留策を踏まえた文書は民族再起の地域として満州を想定し、ソ連経営下の労役提供を願ったものであろうが満州はよいがシベリアは嫌だとは一言も書かず、唯々《ただただ》御使い下《くだ》され度《た》くばかりを陳情しているのである」

と嘆く。

もう一つは、降伏後の関東軍総司令官の上奏文である。これも、一九九三年にやはりモスクワの軍関係公文書保管所から発見されたものという。これに関して、「（これは）関東軍総司令官山田乙三大将が作戦並に停戦の情況に関し上奏せんとし

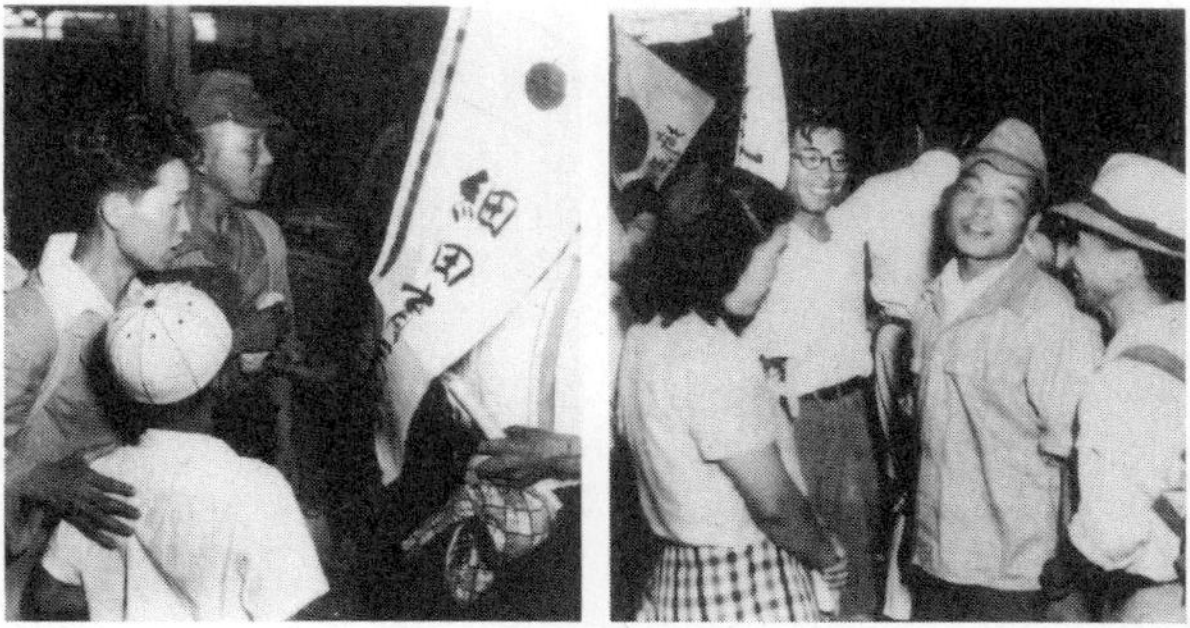

抑留先シベリアから東京の上野駅に着いた帰還兵。1949年7月14日

た文書で、朝枝参謀、瀬島（龍三）参謀がソ連機の貸与を願い帰国上奏する予定のところ、寸前に於てシベリアに移送され未遂に終わったものである。（内容は）縷《る》縷《る》報告した末に『今後在満鮮五十万ノ軍隊ト在留百三十余万ノ同胞トヲ巧ミニ処理スルハ関東軍ニ残サレタル最後ノ問題トシテ肝胆ヲ砕キアル所ナリ……』と書いている。

　巧みに処理するとはまことに策謀的であいまい模糊たる言葉であるが、最も責任重大な部下将兵の安全、早期帰還に関する文字は皆無である」と訴え、これもまた「シベリア抑留は、国家護持を願うためスターリンに宥恕を乞う必要から、関東軍の兵士六〇万を役務賠償としてソ連に引き渡した事件」の証拠の一つとしているわけである。

　この上奏文発見についての一九九三年八月二十

四日付『読売新聞』は、原案を書いた関東軍作戦参謀だった草地貞吾氏の談話を載せている。草地氏は自分が書いたものと認めたうえで、「『巧みに処理する』とは、満州、朝鮮半島で苦しむ百数十万人もの日本人をいかに日本に無事に帰すか努力腐心する、という意味で、日本人の有利を考えた関東軍の努力を示す以外の何物でもない」と強調した。

さらに記事は次のようにいう。

「また自らも十一年間のシベリア抑留生活を経験した草地さんは、一部で上奏文がシベリア抑留と結び付けられた見方をされている点について、『天皇陛下に対して日本国民の〃売り渡し〃を認めるような報告ができるはずがない』といっしゅうした」

しかしながら、シベリア抑留者の疑惑はこの程度の否定談話では解消されなかった。今でも真相究明の努力が続けられている。

第6話◉大本営作戦参謀・辻政信大佐はどこへ消えたのか

数々の罪業を重ねた〝こわもて参謀〟は時代の寵児をめざしたのか

辻政信に関する最近の新聞報道

一般の人は辻政信という軍人についてほとんど知識がないかもしれない。ところが最近、米国立公文書館で二〇〇五～〇六年に解禁されたＣＩＡ文書のなかに辻に関する極秘文書が見つかり、二〇〇七年二月二十六日、二十七日と連日にわたって報道された。珍しいことである。

二十六日付『読売新聞』の報道は、ＧＨＱ（連合国軍最高司令官総司令部。日本占領軍司令官の総司令部）情報部門が辻に接近して対中工作を指揮させようとしたところ、「逆に日本の再軍備のために米国を利用しようとしたと分析し、『第三次世界大戦を起こしかねない男』（一九五四年の文書）と（ＣＩＡはＧＨＱに）警告した」となっている。

同じ『読売新聞』の二十七日付は、「吉田首相暗殺計画　旧軍幹部ら／元陸軍参謀・辻氏の説得で中止」とあり、一九五二（昭和二十七）年十月三十一日付の文書を報道した。

それによると、当時の吉田茂首相はGHQから公職追放された旧軍関係者や国家主義者にたいして敵対的姿勢をはっきりさせていた。そのことに不満を持っていた服部卓四郎（元大本営陸軍部作戦課長。辻の陸軍士官学校の二期先輩だが親しい関係だった）等が吉田暗殺を企てたとき、辻は「クーデターを起こす時ではない」「敵は保守の吉田ではなく、社会党だ」などと説得して思いとどまらせたという。

辻政信。最後の階級は大佐

辻はこのときは暗殺反対にまわったようだが、実は太平洋戦争開始の三カ月余り前には、ときの近衛文麿を暗殺しようとして、右翼の児玉誉士夫に言い含めて時限爆弾を手渡したことがあった。近衛首相が日米開戦をなんとか回避しようとして、ルーズベルト米大統領との頂上会談を企図したときである。近衛がアメリカに大幅譲歩して、万が一戦争が回避されると困ると考えたわけである。

ところで、この二十七日付記事の最後に、次のような短い文章で〝辻政信の戦後〟に関して紹介しているので引用しよう。

「同年（一九五二年）に衆議院議員に当選した辻氏は一九六一年、ラオスで消息を絶つが、CIA文書は北ベトナムからラオスを経て中国に入り、六三年、共産党当局に拘束された可能性を指摘している。中国で処刑されたという未確認情報もある」

ちょっと補足すると、一九六一年当時の辻は衆議院議員ではなく、参議院議員であった。

辻は太平洋戦争が始まったとき中佐で、途中で大佐に昇進して終戦を迎えた。大佐といえば約二〇〇〇～三〇〇〇人を擁する歩兵連隊長をつとめる階級である。

しかし、辻は歩兵連隊長になったことはない。指揮官としては中尉時代に中隊長を経験しているが、その後の軍歴はほとんどが参謀であり、それも作戦関係の参謀だった。

強気と非道をあわせ持った特異な辻政信参謀

いったい辻はどんな軍人だったのか。それは強気な作戦指導と非道な性格が妙に入り混じっていて、戦争の様相に悲惨で暗い後遺症を残した参謀だった。彼が単に「軍」（師団をいくつか束ねた組織）の一参謀にとどまらず、陸軍部隊全体を取り仕切る大本営陸軍部（参謀本部と一体）の参謀としても起用されたことが、その色合いをいっそう濃いものとして記憶される結果となった。

参謀としてどんな作戦指導をやったのか。かいつまんで列挙してみよう。このあたりの経歴がわからないと、戦後、参議院議員になりながら失踪という謎を残したまま今日に至っている事情が納得できないかもしれない。

●ノモンハン事件における強硬な作戦指導

ノモンハン事件は日中戦争開始の約二年後、太平洋戦争開始の約二年前に起こったソ連軍との戦争である。ノモンハンは日本の植民地・満州国とモンゴル人民共和国とが境を接するハルハ川付近で、ハイラル（海拉爾）のはるか南西にあたる。モンゴルとの国境なのになぜソ連軍が相手だったかというと、当時モンゴルはソ連の衛星国だったからだ。

日本占領直後のシンガポール中国人街。日本軍は華僑大虐殺事件を引き起こした

満州国駐屯の関東軍は、当時、国境紛争では妥協せずに積極的に作戦する司令官通牒を各部隊に発していたが、その通牒を起案したのは参謀辻政信少佐だった。辻の上には作戦班長服部卓四郎中佐がおり、両者の呼吸はピッタリと合っていた。

ノモンハン事件が関東軍九〇〇〇人前後の戦死者を出して完敗に終わったのも、戦争で最大の戦死者を出した第二三師団長にたいする独断越境攻撃（越境して作戦するには天皇による命令が必要。それは参謀総長を通じて伝えられる仕組み）を迫り、やらないと関東軍司令官の軍命令を出すとの脅迫めいた〝指導〟が発端だった。この強引な〝参謀指導〟が太平洋戦争においても何回もくりかえされたのである。

捕虜の虐殺事件が少なくなかった「バターン死の行進」。日本軍に連行される米比軍捕虜

●シンガポール華僑虐殺の積極的な指導

太平洋戦争の緒戦では、辻中佐は第二五軍作戦参謀として出征した。その積極果敢な作戦が五十五日間という短期間によるマレー半島攻略の完成、さらにはシンガポールのイギリス軍降伏につながったことは、それなりに評価されている。

しかし、シンガポール占領後の華僑大虐殺に関しては、辻参謀による執拗で呵責な性格が災いし、六〇〇〇人にものぼる華僑虐殺を引き起こした。

●「バターン死の行進」をさらに修羅場と化した非道な偽命令

フィリピン攻略作戦は、バターン半島に逃げこんだ米比軍（アメリカ軍とフィリピン軍）を攻めあぐんだ。本格的な攻撃が四月

（一九四二年）から始まったが、このときは辻中佐は大本営の作戦班長となっていた。

バターンの米比軍が降伏して、日本軍は約九万人の捕虜を、食料も水も用意せずに（信じられない措置だが本当の話である）、収容所に予定した地点まで一〇〇キロ前後も歩かせた。当然ながら途中で相当数が落伍し命を落としたが、なかには捕虜を処分せよ（殺せという意味）との軍命令を電話で受けて、命令のまま殺した部隊もあった。電話による命令を疑って従わなかった部隊も少なくなかった。

フィリピン攻略部隊は本間雅晴中将が率いる第一四軍だが、捕虜虐殺命令は本間軍司令官から出たのではなく、東京から急遽マニラにやってきた辻大本営参謀による〝偽命令〟であった。

日本軍はセブ島で、ケソン比大統領の蔵相兼農相をつとめ、その後最高裁判所長官となっていたホセ・アバド・サントス氏を捕らえた。現地指揮官（川口清健少将）は、サントス氏の処遇についてマニラの第一四軍司令部に指示を仰いだが、「現地において家族とも処刑せよ」との命令が二度も届いた。

処刑命令を出したのは参謀副長林義秀少将で、そうするように強く説得したのは辻大本営参謀だったのだ。命令は参謀長和知鷹二《わちたかじ》少将の強い反対を押し切ってお こなわれ、むろん本間中将の承認を得ることもなくサントスの処刑が執行されたのである。

●ポートモレスビー陸路攻略の偽命令

一九四二年五月の珊瑚海海戦で日本海軍はアメリカの空母二隻を撃沈したとして大喜びだったが、肝心の最大目的だった東部ニューギニア南岸であるポートモレスビーに陸軍部隊を上陸させ、そこを占領するという企図は失敗に終わった。

そこで大本営は第一七軍（司令部はフィリピンのミンダナオ島ダバオにあった）にたいして、ポートモレスビーをスタンレー山脈を踏破して攻略できないか、調査研究を命じた。同軍は調査の結果、膨大な補給が必要であり、補給部隊は攻略部隊よりも数倍多くなるだろうとの結論に達した。要するに無理な作戦だという結論を得たわけである。

ところがそういうところへヒョイと姿を現した大本営参謀辻中佐が、ポートモレスビーの陸路攻略確保の大本営陸軍部命令書を、百武晴吉中将に手渡した（一九四二年七月十五日）。調査研究命令から、大本営がその結果報告も待たずに、いきなりの攻略命令を出すことに、百武中将は疑問も感じたが、当時辻の名は知れ渡っていたので、本物の命令書と受けとめて指揮下の南海支隊にポートモレスビー攻略命令

ポートモレスビーの連合軍基地。ポートモレスビー作戦はここを占領して連合軍の反攻を抑えこむことを目的としたのだが……

を発した（七月十七日）。

ところが、大本営作戦課長服部卓四郎大佐は、そろそろ結果が出ているだろうと、第一七軍にたいして、ポートモレスビー陸路攻略の調査研究の結果を報告せよ、と電報を打った（七月二十五日）。

これによって辻参謀の攻略命令書が偽物であることがわかった。

どうなったか。

偽命令は撤回されず、南海支隊のポートモレスビー攻略は実行に移された。服部作戦課長が辻をかばい、上司の作戦部長田中新一中将を説得したという。南海支隊は難行苦行のすえポートモレスビーが望見できるところまでたどりついたが、極度の食糧不足で、ついに撤退した（命令にもとづく)。とはいえ、出発地のブナ付近にたどり着いたのはほんの少数しかいなかった。要するに約五〇〇〇名が、飢餓とオーストラリア軍の果敢かつ執拗な攻撃によって、全滅したのである。

辻参謀は偽命令書を渡して東京に帰り、ポートモレスビー攻略は、日本の航空兵力が不足しているので失敗するから延期すべきであると、杉山元《はじめ》参謀総長にしゃあしゃあと報告し(七月三十一日)、本当に失敗したときは田中作戦部長の責任であるかのように言いふらしたそうである。

要するに辻政信参謀とはそういう軍人だったのだ。

●ビルマ戦線では英兵捕虜の生肉を食らい、部下にも強要した

辻はその後、陸軍大学校教官や支那派遣軍参謀などをつとめたあと、一九四四(昭和十九)年七月、北ビルマ防衛にあたっていた第三三軍参謀となった。すでに、米中軍(米軍と中国軍の混成部隊)が北ビルマに進撃しており、日本軍は支えきれない戦況にあった。

この参謀時代、英兵捕虜を殺害してその生肉を部下にも強要して食らったという。戦後、この人肉試食事件を日本軍の関係者から追及されたのを苦にして自決した少尉もいた。

この人肉試食事件にはしかるべき軍人による証言が多く、事実と思われる。

この事件を紹介したあと、生出寿《おいでひさし》氏（海軍兵学校出身で終戦時少尉）は、「こうなっては、皇軍も、八紘一宇《はっこういちう》も、大東亜共栄圏も何もなく、日本人は人類の敵とされてしまうわけである」と、絶望的に締めくくっている（『作戦参謀　辻政信　ある辣腕参謀の罪と罰』光人社。なお、辻に関する既述の部分は同書に多くを負っている）。

戦犯を逃れて〝潜行三〇〇〇里〟と戦後社会での復活

辻は終戦をバンコクで迎えた。そこに司令部をおく第三九軍司令部参謀に転属となっていたからである。同軍はその後第一八方面軍に格上げされ、辻もそのまま同方面軍参謀となる。

戦争が日本の無条件降伏で幕を閉じると、辻は僧衣に身を包み身分を隠した。なぜなら、これまで述べてきたような関係で、辻はＢＣ級戦犯指名を受けることは確実だったからである。ビルマ、インドなど東南アジア軍の連合軍最高指揮官ルイス・マウントバッテン英海軍大将は、「草の根を分けても辻参謀を捜し出せ」と厳命していた。僧衣姿の多くの日本人も厳重に取り調べられたが、英軍はついに辻を見つけ出すことはできなかった。

それから辻のいわゆる〝潜行三〇〇〇里〟が始まる。日本を占領中のGHQも、終戦一年後の一九四六年九月、戦犯として逮捕令を発した。辻はますます日本に帰るわけにはいかなくなった。その潜行の模様を自ら記したのが、一九五〇（昭和二十五）年五月に毎日新聞社から出版した『潜行三千里』である。

しかし、辻は一九四八年佐世保に上陸した。しばらくは知人を訪ね歩いて身を隠していたが、やがて戦犯指定解除となった（一九四九年十二月）。

辻はさっそく『潜行三千里』を上梓し、人気者となった。その余勢を駆って一九五二年十月には衆議院議員に当選し、さらに一九五九年六月には参議院選挙に打って出て、全国区第三位で当選した。

二年後の一九六一年四月、辻は四十日間の休暇を申請して、東南アジア旅行に出発した。ラオスに入ったという確かな情報を最後に、その後の辻の行方は公式には確認されていない。

辻行方不明から六年後の一九六七年四月、サンケイ新聞記者野田衛氏は、精力的な取材をおこなった結果を、『辻政信は生きている』（宮川書房）にまとめて世に問うた。同書には、私は辻に会ったと証言するタイやラオスなどの人々の証言が数多く収められている。辻を救出したという日本人の証言もある。そういう証言のなかには、当時のラオスの最高責任者プーマ殿下との短い質疑応答もある。

「『殿下、辻議員はジャールからハノイに行ったのですね』

人ごみをわけてとびだしたわたしは、たったひとことときいた。やぶからぼうの質問。殿下ばかりでなく、あたりもおどろいた。かまわず、質問をくりかえした。

『ああ、そうだと思う。それ以上は知らないよ』

ハマキをくわえた、特色のあるポーズをくずさず、殿下は答え、クルマに乗った」

東南アジア旅行の辻の最大目的は、ハノイに行ってホー・チ・ミン大統領と会談したいことであったらしいが、その事実は確認されていない。

辻の死亡宣告は一九六八（昭和四十三）年七月に出されたが、もし生きているとすれば、二〇〇七年で百五歳である。

本書は、書き下ろし作品です。

著者紹介
太平洋戦争研究会（たいへいようせんそうけんきゅうかい）
日中戦争や太平洋戦争の取材・調査・執筆グループ。新人物往来社『別冊歴史読本　戦記シリーズ』の企画・編集、河出書房新社の図説シリーズ「ふくろう本」で『太平洋戦争』『満州帝国』『日露戦争』『日中戦争』『占領下の日本』などを、ＰＨＰ文庫で『太平洋戦争がよくわかる本』『日本海軍がよくわかる事典』『日本陸軍がよくわかる事典』『太平洋戦争・主要戦闘事典』『東京裁判がよくわかる本』『第２次世界大戦がよくわかる本』『「大日本帝国」がよくわかる本』を編著している。代表は平塚柾緒（1937年生）。
なお、本稿執筆は森山康平（1942年生）。

ＰＨＰ文庫　太平洋戦争の意外なウラ事情
真珠湾攻撃から戦艦「大和」の沖縄特攻まで

2007年6月18日　第1版第1刷
2015年7月10日　第1版第8刷

著者　太平洋戦争研究会
発行者　小林成彦
発行所　株式会社ＰＨＰ研究所
東京本部　〒102-8331　千代田区一番町21
文庫出版部　☎03-3239-6259（編集）
普及一部　☎03-3239-6233（販売）
京都本部　〒601-8411　京都市南区西九条北ノ内町11
PHP INTERFACE　http://www.php.co.jp/

編集協力
組版　株式会社PHPエディターズ・グループ

印刷所
製本所　図書印刷株式会社

ISBN978-4-569-66835-2